ORAR

MADRE TERESA

ORAR

Pensamiento espiritual

Pensamientos seleccionados, ordenados y traducidos
por José Luis González-Balado

 Planeta

Obra editada en colaboración con Editorial Planeta - España

© 1997, José Luis González-Balado
© 2011, Editorial Planeta, S. A. – Barcelona, España

Derechos reservados

© 2011, Editorial Planeta Mexicana, S.A. de C.V.
Bajo el sello editorial PLANETA M.R.
Avenida Presidente Masarik núm. 111, 2o. piso
Colonia Chapultepec Morales
C.P. 11570 México, D.F.
www.editorialplaneta.com.mx

Primera edición impresa en España: junio de 2011
ISBN: 978-84-08-10293-9

Primera edición impresa en México: julio de 2011
ISBN: 978-607-07-0835-0

Impreso en los talleres de Litográfica Ingramex, S.A. de C.V.
Centeno núm. 162, colonia Granjas Esmeralda, México, D.F.
Impreso en México – *Printed in Mexico*

ÍNDICE

PRÓLOGO

Lo primero, en el prólogo a un libro como éste, es aclarar su autoría, Dios sabe que no en el sentido de querer reducir la que corresponde a la Madre Teresa y que figura con evidencia en la cubierta.

La atribución es correcta: desde el principio hasta el final, el contenido del libro es totalmente suyo.

Quienes hemos intervenido en él, dándole la forma que el libro asume, somos conscientes de que el atractivo y fuerza de convicción del libro reside esencial y exclusivamente en el hecho de que aparezca —por lo demás, legítimamente— bajo la firma de la Madre Teresa.

Ella no le dio la forma de libro que tiene. Que conste, nunca la Madre Teresa abrigó la menor veleidad de escribir libro alguno, a pesar de que anden por ahí —éste acaba de sumarse a ellos— por lo menos una docena de libros bajo su nombre.

Escribir libros requiere, aparte de capacidad

—algo que a la Madre Teresa le hubiera sobrado—, un cierto coraje, que puede a veces parecer presunción.

Sin querer mitificarla (la Madre Teresa no lo necesita para asumir su humilde grandeza), cabe decir que una razón que le hubiera impedido escribir libro alguno, aparte de falta de tiempo, es no considerarse en posesión de nada que enseñar a los demás.

¿De dónde, entonces, el origen de los materiales abundantes a partir de los cuales otros —como quien firma este prólogo— hemos construido libros?

De voluntad humilde de servicio. En sus peregrinaciones caritativas por centenares de países de todos los continentes, la Madre Teresa vio congregarse a millares —millones, en conjunto— de seres humanos ansiosos de escuchar sus mensajes. Los sirvió generosamente, abriendo con ellos su corazón henchido de amor a Jesús en los pobres.

Liberó tales mensajes, por lo general reiterativos, pero vibrantes por la fuerza íntima que los animaba, dejando confiada y despreocupadamente en manos de Dios que los hermanos sacasen provecho de ellos.

Con tales mensajes algunos hemos «construido» libros. Como el que tienes en este momento en tus manos.

El lector mismo se percatará, si no ha tenido ya otras oportunidades de hacerlo, del esfuerzo de fidelidad en transmitir las palabras de la Madre Teresa; en darles un orden más o menos temático; en traducirlas con la mayor adecuación posible.

Se ha hecho, en éste y en otros casos, con lamentada convicción de que, impresas en papel, las palabras de la Madre Teresa pierden gran parte de su dinamismo íntimo.

Una cosa es escucharla directamente, posibilidad que por desgracia ya se ha hecho muy remota. Otra bien distinta, leerla traducida.

Verdad es que no ocurre sólo con la Madre Teresa. Pero con personas como ella ocurre de manera particular.

Leer, traducidas y transcritas, palabras escuchadas en directo, hace a veces que tales palabras pierdan mucho: el calor humano, la artificiosidad retórica del orador contribuyen en gran medida a que lo escuchado en vivo aparezca, vertido a la frialdad del papel impreso, más bien muerto.

Nunca, en la Madre Teresa, ha sido la inexistente artificiosidad retórica lo que ha conferido atractivo a sus palabras.

Ha sido la fuerza de autenticidad en su origen

remoto y próximo lo que las ha hecho aceptar íntegramente, a pesar de la austera sobriedad con que las ha proferido.

Pese a ello, si no justamente por eso, sus palabras en vivo resultaron siempre totalmente convincentes hasta para quienes se acercaron a escucharla sin una predisposición del todo favorable.

Hay una anécdota —en realidad, probablemente miles— que ilustra bien este hecho: la de un parroquiano irlandés nada afecto a las cosas del espíritu al que un clérigo amigo se estaba esforzando por atraer a la fe.

Más dado al alcohol que a la religión, el parroquiano soportaba, sin la menor señal de querer volver al buen redil, que el amigo clérigo repasase para él todos los argumentos de la apologética y de la teología.

Ocurrió en cierta ocasión que estuviese de paso en la ciudad, invitada con motivo de un evento religioso de carácter extraordinario, la fundadora de las Misioneras de la Caridad.

El irlandés impenitente se enteró del hecho y tomó nota del horario del acto: cuidándose de no decirlo a nadie, quiso satisfacer la curiosidad de ver a la famosísima Monja.

Confundido en el anonimato de los miles de asistentes al acto, prestó particular atención a algunas palabras de la Madre Teresa.

Al día siguiente rompió el secreto con su amigo clérigo: «Tus palabras para convertirme ya están de más —le soltó—. Acaso te sorprenda que te diga que ayer estuve oyendo a la Madre Teresa. Las palabras que me dijo me han convencido.»

Ante aquella confesión, el clérigo experimentó una mezcla de alegría y de celos: «En primer lugar, todo lo más fuiste uno entre los miles de asistentes a un acto público en que la Madre Teresa habló para el conjunto y no para ti. Y en segundo, nada de lo que dijo ella había dejado de decírtelo yo personalmente.»

«Ya. Puede ser —argumentó el recién converso—. Pero yo tuve la sensación de que la Madre Teresa se dirigía a mí personalmente. Por eso me resultó convincente.»

No cabe duda de que, aun escritas, el lector considerará como dirigidas a él personalmente todas las expresiones madreteresianas de que consta este libro.

Cada una de tales expresiones hubiera proporcionado inspiración para un título unificador de resumen.

Se ha optado por el más escueto y sencillo: Orar.

Tenemos la convicción de que resume bien la

actitud vivencial, el secreto íntimo y el testamento espiritual de la Madre Teresa.

De manera más o menos explícita, todos los textos que integran este libro justifican el título que se le ha puesto. Pero bastaría uno, con el que el lector se encontrará mediada su escasa voluminosidad, para comprender esa actividad unificante de la vida de la Madre Teresa:

«La Misa es el alimento espiritual que me sustenta. Sin ella no lograría mantenerme en pie un día, ni siquiera una sola hora de mi vida. En la Misa, Jesús se nos presenta bajo las apariencias de pan, mientras que en los suburbios vemos a Cristo y lo tocamos en los cuerpos desgarrados, lo mismo que lo vemos y tocamos en los niños abandonados.»

JOSÉ LUIS GONZÁLEZ-BALADO

SANTIDAD

*La santidad no consiste en llevar a cabo
cosas extraordinarias.
Consiste en aceptar con una sonrisa
lo que Jesús nos envía.
Consiste en aceptar y seguir
la voluntad de Dios.*

෨ La santidad no es un lujo de unos pocos.
   Es un deber de todos.
   Mío y vuestro.

෨ Para ser santos, debéis desear seriamente estar unidos.

   Santo Tomás de Aquino asegura que la santidad «no es sino una resolución seria, un acto heroico del alma que se entrega a Dios».

   Y añade: «Amamos a Dios de manera espontánea, corremos hacia Él, nos aproximamos a Él, lo poseemos.»

   Nuestra voluntad es importante porque nos trueca en imagen de Dios y nos une a Él.

   La decisión de hacerse santo es algo muy íntimo.

   Renuncia, tentaciones, luchas, persecuciones y toda suerte de sacrificios acechan al alma que ha decidido ser santa.

෨ Si realizamos nuestro trabajo por Dios y por su gloria, podemos hacernos santos.

❧ Deberíamos salir el encuentro de las personas.

Salir al encuentro de los que están lejos y también de los que viven cerca.

Al encuentro de los materialmente pobres, así como de los espiritualmente pobres.

❧ El hecho de la muerte no debería entristecernos.

Lo único que debería producirnos tristeza es el hecho de saber que no somos santos.

❧ Sentir disgusto algunas veces es algo muy natural.

La virtud, que a veces adquiere dimensiones de heroicidad, consiste en ser capaces de sobreponerse al disgusto por amor de Jesús.

Éste es el secreto que descubrimos en las vidas de algunos santos: su capacidad de ir más allá de lo meramente natural.

Esto es lo que ocurrió a san Francisco de Asís.

Una vez, en que tropezó con un leproso totalmente desfigurado, retrocedió de manera instintiva.

Al instante se sobrepuso a su disgusto y besó aquel rostro totalmente desfigurado.

¿Cuál fue el resultado?

Francisco se sintió inundado de un inmenso gozo.

Se sintió dueño por completo de sí mismo.

Y el leproso prosiguió su camino dando gloria a Dios.

၆ Son santas todas las personas que viven de acuerdo con la ley que Dios nos ha dado.

၆ La fidelidad forja santos.

၆ Lo que hay en nuestros corazones es lo que califica nuestras vidas.

၆ No es lícito llevar una doble vida.

No podemos decir al mismo tiempo quiero y no quiero: quiero ser santo y no quiero serlo.

ⷩ Deberíamos preguntarnos por qué no somos
santos gozando de la presencia y bendición
de Cristo en el tabernáculo y de la posibilidad de
recibir su cuerpo y su sangre en la comunión.

ⷩ El motivo que debe empujarnos a ser santos no
debe ser otro que permitir que Cristo viva su
vida en nosotros.

ⷩ Los obispos no dejan de pedirnos que abramos
nuevos centros en sus diócesis.
Para ello necesito disponer de Hermanas
santas.
La santidad es lo más importante.
La santidad exige autenticidad.

ⷩ Jesús desea que pongamos toda nuestra confianza en Él.
Tenemos que renunciar a nuestros deseos para
trabajar en nuestro propio perfeccionamiento.
Aun cuando nos sintiéramos como batel sin
brújula en alta mar, hemos de entregarnos por

completo a Él, sin pretensiones de controlar sus actos.

Yo no puedo aspirar a tener una percepción clara de mi avance a lo largo de la ruta, ni saber con precisión dónde me encuentro en el camino de la santidad.

Me limito a pedirle que haga de mí una santa, dejando en sus manos la elección de los medios que pueden llevarme a ello.

ᕲ «Quiero ser santo» significa: quiero despojarme de todo lo que no es Dios; quiero exprimir mi corazón y vaciarlo de toda cosa creada; quiero vivir en pobreza y desapego.

ᕲ Seamos cual auténtico y fructífero sarmiento de la vid, que es Cristo, aceptándolo en nuestras vidas como Él se nos da.

Como Verdad para decirse.

Como Vida para vivirse.

Como Luz que ilumina.

Como Amor que se debe amar.

Como Camino que se debe recorrer.

Como Alegría que se debe comunicar.

Como Paz que se debe irradiar.

Como Sacrificio que se ha de ofrecer en nuestras familias, y tanto entre nuestros vecinos más cercanos como entre los que viven lejos de nosotros.

Oración

La oración ensancha nuestros corazones
hasta darles la capacidad
de contener el don mismo de Dios.

ॐ Tengo la convicción de que los políticos pasan poco tiempo de rodillas.

Estoy convencida de que desempeñarían mucho mejor su tarea si lo hiciesen.

ॐ Tenemos tanta necesidad de orar como de respirar.

Sin la oración no podemos hacer nada.

ॐ. Hay personas que, con tal de no orar, pretextan que la vida es tan agitada que les impide hacerlo.

No debe ocurrir esto.

La oración no nos exige interrumpir nuestra tarea, sino que sigamos desarrollándola como si fuera una oración.

No es necesario estar permanentemente en meditación, ni que experimentemos la sensación consciente de que estamos hablando con Dios, por más que sería muy agradable.

Lo que importa es estar con Él, vivir en Él, en su voluntad.

Amar con un corazón puro: amar a todos, especialmente a los pobres, es una oración que se prolonga durante las veinticuatro horas del día.

൭ La oración genera fe, la fe genera amor, y el amor genera servicio a los pobres.

൭ San Francisco de Asís compuso la siguiente oración que me gusta mucho.
Las Misioneras de la Caridad la recitamos a diario:

Haz de mí, oh Señor, instrumento de tu paz.
Que a donde hay odio, lleve yo amor;
a donde hay ofensa, lleve yo perdón;
a donde hay duda, lleve yo fe;
a donde hay desesperación, lleve yo esperanza;
a donde hay oscuridad, lleve yo luz;
a donde hay tristeza, lleve yo alegría.
Oh Señor, que no busque yo tanto ser consolado,
como consolar;
ser comprendido, como comprender;
ser amado, como amar yo mismo.
Porque es dando como se recibe,
y perdonando como somos perdonados.

&#x6b~; El primer requisito para la oración es el silencio.
Las personas de oración son personas que
saben guardar silencio.

&#x6b~; Mi secreto es muy sencillo: oro.
Orar a Cristo es amarlo.

&#x6b~; Los filamentos de las bombillas son inútiles si
no pasa la corriente.
Vosotros, yo, somos los filamentos.
La corriente es Dios.
Tenemos la posibilidad de permitir a la corriente pasar a través de nosotros y de utilizarnos para producir la luz del mundo.

&#x6b~; Los Apóstoles no sabían cómo rezar, y pidieron
a Jesús que les enseñase a hacerlo.
Jesús, entonces, les enseñó el *Padre nuestro*.
Creo que cada vez que decimos el *Padre
nuestro*, Dios mira sus manos, donde nos tiene dibujados: «Quiero que sepáis que os tengo esculpidos en la palma de mis manos...» (Isaías 49, 16).

¡Qué descripción más hermosa y expresiva del amor personal que Dios siente por cada uno de nosotros!

ᗢ *Haznos dignos, Señor, de servir a nuestros hermanos y hermanas esparcidos por todo el mundo, que viven y mueren en soledad y hambre.*
Dales hoy, por nuestras manos, el pan de cada día.
Y, por nuestro amor, dales paz y alegría.
Amén.

ᗢ Orar no es pedir.
Orar es ponerse en manos de Dios, a su disposición, y escuchar su voz en lo profundo de nuestros corazones.

ᗢ Hay una oración que las Misioneras de la Caridad rezamos todos los días.
Es del cardenal Newman:

¡Oh Jesús! Ayúdame a esparcir tu fragancia adondequiera que vaya.

Inunda mi alma de tu espíritu y vida.
Penetra en mi ser y aduéñate de tal manera de mí
que mi vida sea irradiación de la tuya.
Ilumina por mi medio
y toma posesión de mí de tal manera
que cada alma con la que entre en contacto
pueda sentir tu presencia en mí.
Que no me vean a mí, sino a Ti en mí.
Permanece en mí de manera que brille con tu luz
y que mi luz pueda iluminar a los demás.
Toda mi luz vendrá de Ti, oh Jesús.
Ni siquiera el rayo más leve será mío.
Tú, por mi medio, iluminarás a los demás.
Pon en mis labios la alabanza que más te agrada,
iluminando a otros a mi alrededor.
Que no te pregone con palabras
sino con el ejemplo de mis actos,
con el destello visible del amor
que de Ti viene a mi corazón.
Amén.

෨ A veces me preguntan qué tiene que hacer uno para estar seguro de caminar por el sendero de la salvación.

Mi respuesta no es otra que ésta:
«Ama a Dios. Sobre todo, reza.»

༽ Todos los días, en la comunión, expreso un doble sentimiento a Jesús.

Uno de gratitud, porque me ha dado la fuerza para perseverar hasta ese día.

El otro es una petición: «Jesús, enséñame a orar.»

༽ Rezar el *Padre nuestro* y vivirlo nos llevará hacia la santidad.

En el *Padre nuestro* estamos todos: Dios, nosotros, nuestro prójimo...

༽ El silencio nos enseñará mucho.

Nos enseñará a hablar con Cristo, y a hablar con gozo a nuestros hermanos y hermanas.

༽ Jesús desea que no oremos aislados de los demás, puesto que formamos parte del Cuerpo Místico de Cristo, que está en oración permanente.

ॐ Con frecuencia, una mirada ferviente, confiada, profunda a Cristo puede transformarse en la más encendida oración.

«Yo lo miro; Él me mira.»

No hay oración mejor.

ॐ Fiémonos de Dios.

Tengamos una fe ciega en la Divina Providencia.

Tengamos fe en Dios.

Él lo sabe todo.

Y Él proveerá.

Démosle ocasión de comprobar nuestra fe en Él.

Esperemos en Él.

Fiémonos y tengamos fe en Él.

ॐ Podemos y debemos convertir nuestro trabajo en oración.

Nunca podremos sustituir la oración por el trabajo.

❧ Se puede rezar mientras se trabaja.

El trabajo no impide la oración y la oración no interrumpe el trabajo.

Basta con una pequeña elevación de la mente hacia Dios.

Basta con decirle:

—Señor, te amo. Confío en Ti. Tengo fe en Ti. Tengo necesidad de Ti ahora mismo.

Pequeñas expresiones como ésta son oraciones magníficas.

❧ Para mí, la raíz de los males que nos aquejan está en la falta de oración.

❧ El medio principal y más efectivo para renovar la sociedad es la oración.

❧ Yo sitúo la oración en primer lugar.

La oración es mi primer alimento.

ఈ La oración dilata los corazones para hacerlos capaces de acoger el don que Dios hace de sí mismo.

ఈ Nuestras almas tienen el valor que tiene nuestra oración.

Nuestro trabajo es fructuoso en la medida que expresa una oración realmente sincera.

ఈ Cuanto más logremos almacenar en nuestras almas a través de la oración silenciosa, más podremos dar en nuestra vida activa.

Tenemos necesidad de silencio para ser capaces de tocar las almas.

Lo esencial no es lo que nosotros decimos, sino lo que Dios nos dice a nosotros y por nuestro medio.

Todas nuestras palabras serán inútiles si no nos brotan de dentro.

Las palabras que no esparcen la luz de Cristo contribuyen a aumentar la oscuridad.

ᛞ El silencio ayuda a orar mejor.

El silencio nos da la posibilidad de orar más.

El silencio de la lengua ayuda mucho a hablar con Cristo.

Enseña a estar alegres en los momentos de asueto, en los que hay más cosas que contar.

ᛞ La oración se reduce simplemente a hablar con Dios.

Él nos habla y nosotros le escuchamos.

Nosotros le hablamos y Él nos escucha.

La oración es un doble proceso de hablar y escuchar.

Recitad a menudo esta oración:

Jesús, desde lo profundo de mi corazón, creo en tu tierno amor por mí y te amo.

ᛞ Orar es mirar a Dios.

Es un contacto del corazón y de los ojos.

Si no soy capaz de ver a Dios, tampoco soy capaz de orar.

๑ Con frecuencia, una mirada ferviente, confiada, profunda, dirigida a Cristo, puede transformarse en la más encendida oración.

๑ La lectura orante del Evangelio nos enseñará a aceptar las humillaciones, tal como hizo Jesús.

๑ Fruto del silencio es la oración.
Fruto de la oración es la fe.
Fruto de la fe es el amor.
Fruto del amor es el servicio.
Fruto del servicio es la paz.

๑ *¡Oh Jesús que sufres!*
Haz que hoy, y cada día, sepa yo verte
en la persona de tus enfermos,
y que, ofreciéndoles mis cuidados,
te sirva a Ti.
Haz que, aun oculto bajo el disfraz poco
atrayente
de la ira, del crimen o de la demencia,
sepa reconocerte y decir:

«Jesús que sufres, cuán dulce es servirte.
Dame, Señor, esta visión de fe
y mi trabajo jamás será monótono.
Encontraré alegría acunando
las pequeñas veleidades y deseos
de todos los pobres que sufren.
Querido enfermo, me resultas aún más querido
porque representas a Cristo.
¡Qué privilegio se me concede
al poder ocuparme de ti!
¡Oh Dios! Puesto que Tú eres Jesús que sufre,
dígnate ser para mí también
un Jesús paciente, indulgente hacia mis faltas,
que no mira más que mis intenciones
que son de amarte y servirte en las personas
de cada uno de tus hijos que sufren.
Señor, aumenta mi fe.
Bendice mis esfuerzos y mi trabajo,
ahora y siempre.»

GENEROSIDAD

Sin espíritu de sacrificio,
sin una vida de oración,
sin una actitud de arrepentimiento íntimo,
no seríamos capaces
de llevar a término nuestra tarea.

֖ No nos alimentamos para dar satisfacción a nuestros sentidos sino para mostrar a nuestro Señor que queremos trabajar por Él y con Él, para vivir una vida de sacrificio y de reparación.

֖ Creo que era san Vicente de Paúl quien decía a los que deseaban entrar en su congregación:

«Jamás olvidéis, hijos míos, que los pobres son nuestros amos. Por tal razón debemos amarlos y servirles con profunda veneración, y hacer lo que nos pidan.»

¿No os percatáis de que pudiera ocurrir que tratemos a los pobres como un saco para desperdicios, en el que damos cabida a todo lo que no nos sirve?

¿Que un alimento no nos gusta o se está poniendo rancio?

¡Al saco de los desperdicios!

Mercancías perecederas que han superado la fecha de caducidad y nos da miedo consumir van al saco de los desperdicios; en otras palabras, se las damos a los pobres.

Una prenda de vestir que ha pasado de moda y no nos gusta llevar, ¡para los pobres!

Todo esto no implica el menor respeto a los pobres.

Esto no es considerarlos nuestros amos, como pedía san Vicente de Paúl a sus religiosos, sino situarlos por debajo de nuestro nivel.

ॐ Una noche, un hombre vino a nuestra casa para decirme que una familia hindú con ocho hijos llevaba varios días sin probar bocado.

No tenían nada que comer.

Tomé una porción suficiente de arroz y me dirigí a su casa.

Pude ver sus caras de hambre, a los niños con sus ojos desencajados.

Difícilmente hubiera podido imaginar visión más impresionante.

La madre tomó el arroz de mis manos, lo dividió en dos mitades, y se fue.

Cuando unos instantes después estuvo de regreso, le pregunté:

—¿A dónde ha ido? ¿Qué ha hecho?

Me contestó:

—También ellos tienen hambre.

«Ellos» eran la familia de al lado: una familia musulmana con el mismo número de hijos que alimentar y que también carecían por completo de comida.

Aquella madre estaba al tanto de la situación.

Tuvo el coraje y el amor de compartir su escasa porción de arroz con otros.

A pesar de las condiciones en que se encontraba, creo que se sintió muy feliz de compartir con sus vecinos algo de lo que yo le había llevado.

Para no privarla de su felicidad, aquella noche no le llevé más arroz.

Lo hice al día siguiente.

    Hace algunos años, Calcuta vivió una gran escasez de azúcar.

Un día, un niño de cuatro años vino a verme con sus padres.

Me traían un pequeño envase con azúcar.

Al tiempo que me hacía entrega de él, el pequeño me dijo:

—He pasado tres días sin probar azúcar. Toma. Es para tus niños.

Aquel pequeñuelo amaba con un amor grande.

Lo había manifestado con un sacrificio personal.

Quiero aclararlo: no tendría más de tres o cuatro años. Le costaba pronunciar mi nombre.

No me resultaba conocido.

No recordaba haberlo visto nunca.

Tampoco me había encontrado con sus padres.

El niño tomó aquella decisión tras haber oído hablar a los mayores de mi situación.

ъ Alguien preguntó a un hindú quién era, para él, un cristiano.

El hindú contestó:

—El cristiano es alguien que se da.

ъ Sólo os pido una cosa: no os canséis de dar, pero no deis las sobras.

Dad hasta sentirlo, hasta que os duela.

ъ Abrid vuestros corazones al amor que Dios vuelca en ellos.

Dios os ama con ternura.

Lo que Dios os da no es para que lo ocultéis ni lo defendáis bajo llave.

Os lo da para que lo compartáis.

Cuando más os lo queráis quedar, menos seréis capaces de dar.

Cuanto menos tengáis, más capaces seréis de compartir.

Pidamos a Dios, cuando tengamos ganas de pedirle algo, que nos ayude a ser generosos.

❧ Si alguien da una ración de arroz a un pobre en la India, éste se sentirá satisfecho y feliz.

Los pobres de Europa no aceptan su pobreza, que para muchos de ellos se trueca en fuente de desesperación.

❧ Era ya tarde, hacia las diez de la noche, cuando sonó el timbre.

Bajé a abrir y me encontré con un hombre tiritando de frío.

—Madre Teresa —me dijo—, he oído que le han concedido un premio importante. Al oírlo, tomé la decisión de ofrecerle algo yo también. Aquí está: es lo que he recaudado en todo el día.

Era más bien poco, pero en su caso lo era todo.

Os aseguro que me conmovió más que el Premio Nobel.

ॐ Un día, una joven pareja vino a nuestra casa y preguntó por mí.

Me hicieron entrega de una gran suma de dinero. Les pregunté:

—¿Dónde habéis recaudado tal cantidad de dinero?

Me contestaron:

—Hace dos días que hemos contraído matrimonio. Con anterioridad al hecho, habíamos decidido no celebrar ningún banquete, ni comprar traje de novios. Renunciamos también al viaje de bodas. Nos propusimos obsequiarle el dinero ahorrado.

Yo sabía bien lo que representaba semejante decisión, sobre todo para una familia hindú.

Por eso les pregunté:

—Pero ¿cómo se os ocurrió algo semejante?

—Nos amamos tanto el uno al otro —me dijeron—, que nos propusimos compartir nuestro amor con aquellos a quienes usted sirve.

Compartir: ¡qué cosa más hermosa!

ʕ Debemos aprender a dar.

Pero no debemos ver el dar como una obligación sino como algo apetecible.

De ordinario digo a nuestros colaboradores:

—No tengo necesidad de vuestras sobras. No quiero que me deis lo que no necesitáis. Nuestros pobres no tienen necesidad de vuestra condescendencia ni de vuestra compasión. Lo que necesitan es vuestro amor y vuestra bondad.

ʕ Si nos preocupamos demasiado de nosotros mismos, no nos quedará tiempo para los demás.

ʕ No hace mucho recibí una hermosa carta y un consistente donativo de un niño italiano que acababa de hacer la Primera Comunión.

En la carta me explicaba que antes de la Primera Comunión había pedido a sus padres que no le comprasen un traje especial y que se abstuviesen de una comida especial de celebración.

Añadió que había pedido asimismo a sus parientes y amigos que no le hiciesen ningún regalo con tal motivo.

Había decidido renunciar a todo a cambio de poder ahorrar dinero para ofrecerlo a la Madre Teresa.

Fue una espléndida muestra de generosidad por parte de aquel niño.

Vi en ello una disponibilidad para el sacrificio, para privarse de algo.

ଈ Una gran parte de lo que recibimos procede de los niños.

Es fruto de sus sacrificios, de sus pequeños gestos de amor.

ଈ Nunca debemos darnos por satisfechos: Jesús lo dio todo, hasta la última gota de su sangre.

Hagamos lo mismo nosotros también: démoslo todo.

ଈ Jamás he visto cerrárseme puerta alguna.

Creo que eso ocurre porque ven que no voy a pedir, sino a dar.

❧ La generosidad disminuye cuando se debilita el espíritu de penitencia.

No estamos llamados a realizar grandes penitencias, sino que debemos aceptar las pequeñas penitencias de cada día, que acercan el alma a Dios y Dios al alma.

CRISTO EN LOS POBRES

¡Los pobres son magníficos!
¡Son maravillosos!
¡Los pobres poseen una extraordinaria generosidad!
Nos dan mucho más de lo que nosotros
les damos a ellos.

ଚ Hoy día está de moda hablar de los pobres.
Por desgracia, no lo está hablarles a ellos.

ଚ Toda la desdicha de los pobres, no sólo su
carencia de cosas materiales sino también sus
heridas espirituales, necesitan ser redimidas.
Deberíamos compartir con ellos, porque sólo si
estamos unidos a ellos podremos redimirlos,
acercando sus vidas a Dios y, al propio tiempo,
acercándolos a Dios.

ଚ Una forma de satisfacer el hambre de nuestros
hermanos consiste en compartir con ellos lo que
tenemos: compartir con ellos hasta el punto de
sentir nosotros mismos lo que sienten ellos.

ଚ Tengo la impresión de que andamos tan acele-
rados que ni siquiera tenemos tiempo de mirarnos
unos a otros y sonreírnos.

છ ¿Compartimos con los pobres de manera parecida a como Jesús comparte con nosotros?

છ Quienes quiera sean los pobres, para nosotras son Cristo: Cristo bajo semblanza de sufrimiento humano.

છ Las Misioneras de la Caridad están firmemente convencidas de que cada vez que ofrecemos ayuda a los pobres es a Cristo a quien realmente proporcionamos ayuda.

છ Nuestra comida, nuestras ropas, deben ser las de los pobres.
Los pobres son el mismo Cristo.

છ Estoy convencida de que la tarea de la Iglesia en este hemisferio rico y desarrollado es más difícil que en Calcuta, en Yemen del Sur o en otras zonas de la Tierra donde las necesidades de la gente se reducen a ropas para defenderse del frío o a un plato de arroz con que saciar su hambre: algo que les demuestre que hay quien les quiere.

Los problemas de la gente en Occidente son más profundos. Son problemas que están arraigados en las profundidades de sus almas.

ฌ «Aun en el caso de que tuviéramos que expulsar a todos los misioneros —me dijo el primer ministro de Etiopía—, no consentiremos que se vayan sus Hermanas, porque me han dicho, y yo mismo he comprobado personalmente que es verdad, que ustedes aman a los pobres y se ocupan realmente de ellos.»

ฌ Cuando un pobre muere de hambre, no es porque Dios se haya olvidado de él.

Sucede porque ni yo ni vosotros nos hemos preocupado de ofrecer a tal persona lo que necesitaba.

Hemos rehusado actuar como instrumentos de amor en las manos de Dios para ofrecer a un pobre, hombre o mujer, un trozo de pan, para procurarle una pieza de ropa con que cubrirse del frío.

Sucede porque no hemos identificado a Cristo cuando, una vez más, se nos mostró bajo el rostro del dolor, en un cuerpo humano aterido de frío, muriéndose de hambre; cuando acudió a nosotros como un ser solitario, como un niño perdido en busca de un hogar donde cobijarse.

ھ Sentirse felices con Dios en este mundo supone algunas cosas: amar como Él ama; ayudar como Él ayuda; dar como da Él; salvar como Él salva; permanecer en su presencia las veinticuatro horas del día; experimentar su contacto en los pobres y en las personas que sufren...

ھ Muy pobre es el país donde se tolera privar de la vida al niño no nacido: un niño creado a imagen de Dios, creado para vivir y para amar.

Su vida no está para ser destruida, sino para que viva, a pesar del egoísmo de quienes temen la carencia de medios para alimentar y educar a un hijo más.

∾ Cuando tocamos a un enfermo o a un necesitado estamos tocando el cuerpo doliente de Cristo.

∾ Los pobres nos reclaman.
Tenemos que acudir a su reclamo para amarlos.
Debemos interrogarnos si somos conscientes de la realidad.
¿Conocemos a los pobres de nuestro propio hogar?

∾ A veces los pobres pueden tener hambre de algo más que de pan.
Es muy posible que nuestros hijos, nuestro marido, nuestra esposa, no tengan hambre de pan, ni tengan necesidad de vestido y que no carezcan de habitación.
Pero ¿estamos igualmente convencidos de que ninguno de ellos se siente solo, abandonado, descuidado, desatendido, carente de cariño?
También eso es pobreza.

ତ୍ର «Cristo, siendo rico, se hizo pobre» (2 Cor. 8, 9).

Si queremos imitar a Cristo, quien siendo rico se hizo pobre y practicó la pobreza, tenemos que hacer lo que Él hizo.

Hay personas que desean ser pobres y viven como los pobres, pero al mismo tiempo les gusta poseer objetos de valor.

Eso en realidad es ser ricos: quieren lo mejor de los dos mundos.

Las Misioneras de la Caridad no pueden hacer esto: sería una contradicción.

Cristo habría podido elegir por morada un palacio real.

Sin embargo, para ser como nosotros, quiso serlo en todo salvo en el pecado (cfr. Heb. 4, 15).

Nosotras, para ser como los pobres, hemos elegido ser como ellos en todo salvo en su estado de miseria.

ତ୍ର Si en la luna hay pobres, allí iré yo.

ᕷ Las demandas, y por consiguiente las necesidades, son las mismas o parecidas en cualquier parte del mundo donde nos encontremos.

A pesar de todo, creo que, en general, en Occidente las necesidades son sobre todo espirituales.

Las necesidades materiales, en la mayoría de casos, suelen estar cubiertas.

Se da más bien una inmensa pobreza espiritual.

ᕷ Estamos al servicio de los pobres.

Pero ¿somos capaces, estamos deseosos de compartir su pobreza?

¿Nos identificamos con los pobres a los que servimos?

¿Nos sentimos solidarios con ellos?

¿Estamos dispuestos a compartir con ellos como Jesús comparte con nosotros?

ᕷ Hoy, como siempre, Cristo está en los pobres que no son amados, que carecen de empleo, de cuidados, que no tienen ropas ni hogar.

En esos pobres que se llegan a considerar un peso para la sociedad y el Estado.

Nadie tiene tiempo para ellos.

Somos yo y vosotros, en cuanto cristianos dignos del amor de Cristo si nuestro amor es auténtico, quienes tenemos que ir en su busca y ofrecerles nuestra ayuda.

Ellos están ahí para que les salgamos al encuentro.

❧ Los pobres, en cualquier parte del mundo donde se encuentren, son Cristo que sufre.
En ellos vive y muere el Hijo de Dios.
A través de ellos Dios deja ver su rostro.

❧ Todos los años que llevo sirviendo a los pobres me han ayudado a convencerme de que ellos son quienes mejor comprenden la dignidad humana.
Cuando tienen un problema, no es por falta de dinero, sino porque se atropella su derecho a ser tratados con humanidad y ternura.

❧ Jesús viene a nuestro encuentro.
Salgamos a su encuentro para darle la bienvenida.

Viene a nosotros en los que tienen hambre, los que carecen de vestido, los que no tienen a nadie, los alcohólicos, los drogadictos, las prostitutas, los mendigos callejeros.

Es posible que venga a vosotros o a mí en el padre que no tiene a nadie, en una madre, en un hermano, o en una hermana.

Si los rechazamos, si no les salimos al encuentro, estamos rechazando al mismo Jesús.

ॐ Lo importante no es hacer muchas cosas ni hacerlo todo.

Lo que importa es estar preparados para todo, en todo momento.

Lo importante es estar convencidos de que, cuando servimos a los pobres, servimos realmente a Dios.

ॐ La pobreza no ha sido creada por Dios.

Somos nosotros quienes hemos creado la pobreza.

Ante Dios, todos somos pobres.

꙾ Antes de juzgar a los pobres, tenemos que examinar con sinceridad nuestra conciencia.

꙾ Si los países ricos legalizan el aborto, tales países se truecan realmente en los más pobres del mundo.

꙾ Es a Jesús a quien brindamos cuidados, a quien visitamos, vestimos, alimentamos y consolamos cada vez que hacemos esto con los más pobres entre los pobres, con los enfermos, los moribundos, los leprosos, y con los enfermos de sida.

꙾ No deberíamos servir a los pobres *como si fuesen* Jesús.
Debemos servirlos porque *son* Jesús.

꙾ Es más lo que nos dan los pobres que lo que pueden recibir de nosotros.

❧ Para servir mejor a los pobres, debemos comprenderlos, y para comprender su pobreza, no hay como experimentarla.

❧ Hay muchas personas en derredor nuestro, y por todo el mundo, que están dispuestas a compartir su vida con los pobres.

❧ Decimos que amamos a Dios, a Cristo...
¿Cómo lo amamos?
No hay mejor manera de hacerlo que prestar servicio amoroso y gratuito a los pobres más pobres.

❧ Nuestro amor al prójimo debe ser igual que el que sentimos por Dios.
No tenemos necesidad de ir en busca de oportunidades para cumplir este mandato.
Se nos ofrecen a cada momento, durante las veinticuatro horas del día, dondequiera que nos encontremos.

๑ Debemos tratar de ser amables y corteses los unos con los otros, y ser conscientes de que no es posible amar a Cristo si no lo amamos en el prójimo.

๑ Tenemos que salir al encuentro de los que no tienen a nadie, de los que son víctimas de la peor de las enfermedades: la de no ser queridos, de ser indeseados, de quedar fuera de todo cuidado.

En ellos encontraremos a Cristo, que está en los pobres y en los abandonados.

๑ Si los pobres no nos aceptasen, no seríamos nada.

Deberíamos estarles inmensamente agradecidos, porque nos brindan la posibilidad de amar y servir en ellos a Jesús.

๑ No es tarea nuestra indagar cómo nuestros asistidos han podido contraer una enfermedad.

Ante nuestros ojos todos son iguales: todos son hijos de Dios.

ॐ El amor de los pobres más pobres viendo en ellos a Jesús mantendrá limpios nuestros corazones.

ॐ La Eucaristía y los pobres: dos realidades que los cristianos no podemos separar.

ॐ Ya lo sé: hay millones y millones de pobres.
Yo pienso en uno a la vez.
Jesús no es más que uno.
Nosotras nos ocupamos de las personas individualmente.
A los hombres no se los puede salvar más que de uno en uno.

ॐ *Señor, por tu gracia, haz que los pobres, viéndome, se sientan atraídos por Cristo, y lo inviten a entrar en sus casas y en sus vidas.*
Haz que los enfermos y los que sufren encuentren en mí a un verdadero ángel que conforta y consuela.
Haz que los pequeños que encuentro en las

calles se abracen a mí porque les hago pensar en Él, el amigo de todos los pequeños.

🙠 Los pobres nos brindan lecciones auténticas. Es siempre más lo que ellos nos dan a nosotros que lo que nosotros les damos a ellos.

🙠 *Abre nuestros ojos, Señor, para que podamos verte a Ti en nuestros hermanos y hermanas.*

Abre nuestros oídos, Señor, para que podamos oír las invocaciones de quien tiene hambre, frío, miedo, y de quien se siente oprimido.

Abre nuestros corazones, Señor, para que aprendamos a amarnos los unos a los otros como Tú nos amas.

Danos de nuevo tu Espíritu, oh Señor, para que nos volvamos un solo corazón y una sola alma en tu nombre. Amén.

🙠 Los contemporáneos de Jesús no quisieron aceptarlo porque su pobreza contrastaba con la ambición que ellos tenían de enriquecerse.

ᔕ   Dios no ha creado la pobreza.
La hemos creado nosotros con nuestro
egoísmo.

ᔕ   Es muy hermosa una costumbre bengalí según
la cual, antes de ponerse a comer, se toma un cazo
de arroz para dárselo a los pobres.

AMOR

Cuanto menos tenemos, más damos.
Parece absurdo,
pero ésta es la lógica del amor.

∾ Cuando una joven señora de la alta sociedad opta por ponerse al servicio de los pobres, se produce una auténtica revolución, la mayor de todas, la más difícil: la revolución del amor.

∾ Resulta conmovedor leer que antes de ponerse a explicar la palabra de Dios, antes de pronunciar las Bienaventuranzas a la multitud, Jesús sintió compasión de ella y la alimentó (cfr. Mt. 5).
Sólo una vez que estuvieron saciados se puso a enseñarles.

∾ El verdadero amor hace sufrir.
Jesús, para darnos una muestra de su amor, murió en la Cruz.
Una madre, para dar a luz a su hijo, tiene que sufrir.
Si de verdad os amáis unos a otros, no podréis evitar tener que sacrificaros.

∾ Los pobres no tienen necesidad de nuestras actitudes paternalistas ni de nuestra compasión.
Sólo necesitan nuestro amor y nuestra ternura.

❧ Para mí, Jesús es la Vida que quiero vivir,
la Luz que quiero reflejar,
el Camino que me guía al Padre,
el Amor que quiero manifestar,
la Alegría que quiero compartir,
la Paz que quiero sembrar a mi alrededor.
   Para mí, Jesús lo es todo.

❧ Si escasea la fe es porque hay demasiado
egoísmo en el mundo.
   La fe, para ser auténtica, tiene que ser generosa
y disponernos para dar.
   Amor y fe van de la mano.

❧ Hoy día las naciones están dedicando demasiados esfuerzos a defender sus fronteras.
   Sin embargo, ¡qué poco saben las naciones
sobre la pobreza y sufrimiento que hacen que los
seres humanos que habitan detrás de sus fronteras
se sientan tan solos!
   Si por el contrario se preocupasen de dar un
poco de alimento a esos seres indefensos, algún
cobijo, un poco de sanidad, vestidos, no cabe

duda de que el mundo se trocaría en un lugar más feliz y habitable.

ॐ Suelo decir a mis Hermanas que cada vez que servimos con amor a Cristo en los pobres, no lo hacemos cual si fuéramos asistentas sociales.
Lo hacemos en calidad de almas contemplativas en el mundo.

ॐ Alguien me dijo en cierta ocasión que ni por un millón de dólares se atrevería a tocar a un leproso.
Yo le contesté:
—Tampoco yo lo haría. Si fuese por dinero, ni siquiera lo haría por dos millones de dólares. Sin embargo, lo hago de buena gana, gratuitamente, por amor de Dios.

ॐ No presto atención a las estadísticas.
Lo que importa son las personas.
Yo me fijo en una persona a la vez.
Sólo hay uno: Jesús.

ॐ Jamás me cansaré de repetirlo: lo que más necesitan los pobres no es compasión sino amor.

Necesitan ver respetada su dignidad humana, que no es menor ni diferente de la dignidad de todo ser humano.

ॐ Para hacernos acreedores al cielo, Cristo nos puso una condición que, en la hora de la muerte, vosotros y yo, independientemente de quiénes hayamos sido (cristianos o no cristianos, puesto que todo ser humano ha sido creado por la mano amorosa de Dios, a su imagen y semejanza), nos encontraremos delante de Dios y seremos juzgados por cómo nos hemos comportado con los pobres (cfr. Mt. 25, 40).

ॐ Viendo el ejemplo de Cristo, que murió por nosotros en la Cruz, tenemos la posibilidad de confirmar definitivamente el hecho de que el sufrimiento puede transformarse en un gran amor y en una generosidad extraordinaria.

❧   Amar y servir a los pobres supone algo que
nada tiene que ver con darles lo que nos sobra, o
pasarles el alimento que no nos gusta.

Tampoco tiene nada que ver con darles los
vestidos que renunciamos a llevar porque están
pasados de moda o simplemente porque no nos
gustan.

¿Es esto compartir la pobreza de los pobres?
Por supuesto que no.

❧   Hay miles —¡millones!— de personas que
mueren por falta de pan.

Hay miles —¡millones!— de seres humanos
que crecen débiles por carencia de afecto, ya que
quisieran ser reconocidos, por lo menos un poco.

Jesús se vuelve débil y muere con ellos.

❧   Una vez más, hoy como ayer, Jesús viene a los
suyos y los suyos no lo acogen (cfr. Jn. 1, 11).

Viene en los cuerpos rotos de los pobres.

Viene igualmente en los ricos que se ahogan en
la soledad de sus propias riquezas.

Viene en los corazones solitarios, cuando no
hay quien les ofrezca un poco de amor.

୭ Lo que nosotros decimos carece de importancia.

Lo que importa de verdad es lo que Dios dice a las almas por nuestro medio.

୭ Las buenas obras son aros que forman una cadena de amor.

୭ Todas las enfermedades son susceptibles de curación.

La única que no puede ser curada es la enfermedad de no sentirse amados.

Me atrevo a invitar a todos aquellos que aprecian nuestra misión a que dirijan una mirada a su alrededor y que ofrezcan su amor a todos aquellos que no son amados y que les ofrezcan sus servicios.

¿No somos nosotras acaso, por definición, mensajeras de amor?

୭ El amor es un producto de todas las estaciones.

ھ Hemos sido creados para amar y para ser amados.

Un joven estaba muriéndose; pese a ello, durante tres días luchó para prolongar su vida.

La Hermana que lo atendía le preguntó:

—¿Por qué prolongas esta lucha?

—No puedo morir sin pedir antes perdón a mi padre —contestó.

Cuando su padre acudió, se fundieron ambos en un abrazo y el joven le pidió que le perdonase.

A las dos horas, el joven expiró lleno de paz.

ھ No tengáis miedo de amar hasta que os cueste sacrificio, hasta que os duela.

El amor de Jesús por nosotros lo llevó hasta la muerte.

ھ Dios aprecia nuestro amor.

Ninguno de nosotros es indispensable.

Dios tiene medios para hacerlo todo y para prescindir de la tarea del ser humano más competente.

Podemos llevar nuestro esfuerzo hasta la extenuación.

Podemos emborracharnos a trabajar.

Si lo que hacemos no está permeado de amor, nuestro trabajo será inútil a los ojos de Dios.

  Cuando visité China en 1989, un dirigente del Partido Comunista me preguntó:

—Madre Teresa, ¿qué es un comunista para usted?

Yo le contesté:

—Un hijo de Dios, un hermano mío.

—¡Vaya! Tiene usted una opinión elevada de nosotros. ¿De dónde la ha sacado?

—De Dios mismo —le contesté—. Fue Él quien dijo: «Os aseguro que lo que habéis hecho a uno de los más pequeños entre mis hermanos, a Mí me lo hicisteis» (Mt. 25, 40).

  Cuando abrimos nuestra primera casa en Nueva York, Su Eminencia el Cardenal-Arzobispo Terence Cooke parecía muy preocupado por la provisión del mantenimiento de las Hermanas y decidió asignar una cantidad mensual a este fin.

(Puedo asegurar que el Cardenal Cooke nos quería mucho.)

No quería ofenderle, pero al mismo tiempo tenía que explicarle que nosotras dependemos de la Divina Providencia, que jamás nos ha fallado.

Al término de la conversación tuve la impresión de que había dado con la respuesta justa y le dije medio en broma:

—Eminencia, ¿acaso piensa que va a ser justamente en Nueva York donde Dios tenga que declararse en quiebra?

~ En todo lo que se refiere a medios materiales, nosotras dependemos por completo de la Divina Providencia.

~ Dios no pretende de mí que tenga éxito.

Sólo exige que le sea fiel.

A los ojos de Dios no son los resultados lo que cuenta.

Lo importante para Él es la fidelidad.

஧ Los leprosos, los moribundos, los hambrientos, los enfermos de sida: todos son Jesús.

Una de nuestras novicias lo sabía muy bien.

Acababa de ingresar en la Congregación, tras finalizar los estudios en la Universidad.

Al día siguiente tenía que acompañar a otra Hermana a la Casa del Moribundo que tenemos en Kalighat.

Antes de irse, les recordé:

—Habéis visto durante la Misa con qué delicadeza el sacerdote tocaba el Cuerpo de Cristo. No olvidéis que ese mismo Cristo es el que vosotras tocáis en los pobres.

Las dos Hermanas fueron a Kalighat.

A las tres horas estaban de vuelta.

Una de ellas, la joven novicia, llamó a mi puerta.

Me dijo, llena de gozo:

—Madre, durante tres horas he estado tocando el Cuerpo de Cristo.

Su rostro estaba radiante.

—¿Qué es lo que hiciste? —le pregunté.

—Nada más llegar nosotras —contestó— trajeron a un hombre cubierto de llagas. Lo habían sacado de entre unos escombros. Tuve que ayudar a que le curaran las heridas. Nos llevó tres horas. Es por lo que le digo que estuve en contacto con el cuerpo de Cristo durante ese tiempo. ¡Estoy segura: era Él!

La joven novicia había comprendido que Cristo no nos puede engañar cuando afirma: «Estaba enfermo y me curasteis» (Mt. 25, 36).

෮ «Os he dicho estas cosas para que mi alegría esté en vosotros y vuestra alegría sea completa» (Jn. 15, 11).

Hablamos aquí de la alegría que viene de la unión con Dios, de vivir en su presencia, porque vivir en su presencia nos llena de alegría.

Cuando yo hablo de alegría, no me refiero a risas sonoras ni a griterío.

No consiste en eso la auténtica felicidad.

Más bien, a veces esas actitudes pueden ocultar otras cosas.

Cuando yo hablo de felicidad, me refiero a una paz íntima y profunda que se refleja en los ojos, en las actitudes, en los gestos, en nuestra disponibilidad y prontitud.

ॐ Una vez estaba yo hablando con un sacerdote sobre el tema de las amistades que alejan de Dios.

Él me confesó:

—Madre, para mí Jesús lo es todo. No me queda tiempo ni espacio en mi vida para otros afectos.

Tuve entonces la explicación al hecho de que aquel sacerdote llevaba a tantas almas a Dios: estaba unido a Él.

ॐ En 1976, por invitación del entonces presidente de México, inauguramos nuestro primer centro en los arrabales de la Capital Federal.

Todas las zonas que las Hermanas visitaban por las afueras eran extremadamente pobres.

Las peticiones de la gente produjeron mucha sorpresa en las Hermanas.

Lo primero que pedían no era ropa, medicinas o alimentos. Se limitaban a pedir:

—Hermanas, háblennos de Dios.

ॐ Dios mismo asegura a quienes creen en Él que serán capaces de hacer cosas mayores que las que Él hizo (cfr. Jn. 14, 12).

ॐ Estoy persuadida de que en tanto las Hermanas permanezcan fieles a la pobreza y a la Eucaristía, pero también a los pobres, la Congregación no correrá peligro alguno.

ॐ Tal como Cristo demostró con su muerte, el amor es el mayor de los regalos.

ॐ Jamás permitáis que la pobreza se adueñe de tal suerte de vuestro espíritu que os lleve a olvidar la alegría de Cristo resucitado.
Todos anhelamos el cielo, pero a todos se nos brinda la oportunidad de disfrutarlo ya desde aquí.
No tenemos sino que sentirnos felices con Cristo, aquí y ahora.

ॐ Me llegó una carta de un brasileño muy rico.
Me decía que había perdido la fe; pero no sólo la fe en Dios sino también la fe en los hombres.
Estaba harto de su situación y de todo lo que lo rodeaba, y había adoptado una decisión radical: suicidarse.

Un día, mientras iba de paso por una abarrotada calle del centro, vio un televisor en el escaparate de una tienda.

El programa que estaba transmitiendo en aquel momento había sido rodado en nuestro Hogar del Moribundo Abandonado de Calcuta.

Se veía a nuestras Hermanas cuidando a los enfermos y moribundos.

El remitente me aseguraba que, al ver aquello, se sintió empujado a caer de rodillas y rezar, tras muchos años en que no había hecho ninguna de ambas cosas: orar arrodillado.

A partir de aquel día recobró su fe en Dios y en la humanidad, y se convenció de que Dios lo seguía amando.

&ebarr; Dios nos ha creado para que realicemos pequeñas cosas con un gran amor.

Yo creo en ese gran amor, que viene, debería venir, de nuestros corazones, que debería empezar manifestándose en el hogar con mi familia, con mis vecinos de calle, con los que viven en el piso de enfrente.

Este amor debería alcanzar a todos.

≈ Todos tenemos tanto de bueno como de malo en nosotros mismos.

Que nadie se gloríe de sus propios éxitos, sino que los atribuya a Dios.

Jamás debemos considerarnos indispensables.

Dios tiene sus propios designios: pero Él quiere nuestro amor.

Podemos matarnos para realizar nuestra tarea: si no está impregnada de amor, será inútil.

Dios no tiene necesidad de nuestro trabajo.

En el juicio no nos preguntará cuántos libros hemos leído, cuántos milagros hemos hecho, sino sólo si hemos hecho lo que hemos podido por su amor.

≈ Jesús adelantó cuáles han de ser los criterios del juicio final de nuestras vidas: seremos juzgados por nuestro amor.

Seremos juzgados por el amor que hayamos manifestado a los pobres con los que Cristo se identifica: «...conmigo lo hicisteis» (Mt. 25, 40).

୭ Es más lo que nos dan los pobres que lo que pueden recibir de nosotros.

୭ Para servir mejor a los pobres, debemos comprenderlos, y para comprender su pobreza, no hay como experimentarla.

୭ Debemos amar a los que tenemos más cerca, en nuestra propia familia.

De allí el amor se expande hacia quienquiera que nos necesite.

Debemos tratar de descubrir a los pobres de nuestro propio entorno, porque sólo si los conocemos podemos comprenderlos y ofrecerles nuestro amor.

Y sólo cuando los amamos, nos sentimos dispuestos a ofrecerles nuestro servicio de amor.

୭ Hay muchas personas en derredor nuestro, y por todo el mundo, que están dispuestas a compartir su vida con los pobres.

ॐ Decimos que amamos a Dios, a Cristo...
¿Cómo lo amamos?

No hay mejor manera de hacerlo que prestar servicio amoroso y gratuito a los pobres más pobres.

ॐ Nuestro amor al prójimo debe ser igual que el que sentimos por Dios.

No tenemos necesidad de ir en busca de oportunidades para cumplir este mandato.

Se nos ofrecen a cada momento, durante las veinticuatro horas del día, dondequiera que nos encontremos.

ॐ Debemos tratar de ser amables y corteses los unos con los otros, y ser conscientes de que no es posible amar a Cristo si no lo amamos en el prójimo.

ॐ Es fácil amar a los que viven lejos.

No siempre lo es amar a quienes viven a nuestro lado.

Es más fácil ofrecer un plato de arroz para
saciar el hambre de un necesitado que confortar la
soledad y la angustia de alguien que no se siente
amado dentro del hogar que con él mismo
compartimos.

ை Si los pobres no nos aceptasen, no seríamos
nada.
Deberíamos estarles inmensamente agradecidos, porque nos brindan la posibilidad de amar y
servir en ellos a Jesús.

ை No es tarea nuestra indagar cómo nuestros
asistidos han podido contraer una enfermedad.
Ante nuestros ojos todos son iguales: todos son
hijos de Dios.

ை El amor de los pobres más pobres viendo en
ellos a Jesús mantendrá limpios nuestros
corazones.

ھ   La Eucaristía y los pobres: dos realidades que
los cristianos no podemos separar.

ھ   Ya lo sé: hay millones y millones de pobres.
Yo pienso en uno a la vez.
Jesús no es más que uno.
Nosotras nos ocupamos de las personas indivi-
dualmente.
A los hombres no se los puede salvar más que
de uno en uno.

ھ   Los pobres nos brindan lecciones auténticas.
Es siempre más lo que ellos nos dan a nosotros
que lo que nosotros les damos a ellos.

ھ   Los contemporáneos de Jesús no lo quisieron
aceptar porque su pobreza contrastaba con la
ambición que ellos tenían de enriquecerse.

ھ   Dios no ha creado la pobreza.
La hemos creado nosotros con nuestro egoísmo.

ॐ Es muy hermosa una costumbre bengalí según la cual, antes de ponerse a comer, se toma un cazo de arroz para dárselo a los pobres.

ॐ Si pudiéramos llevar el amor al interior de las familias, el mundo cambiaría.

ॐ El hogar está allí donde está la madre.

ॐ Sin Jesús, nuestras vidas carecerían de sentido, resultarían incomprensibles.

Jesús es su explicación.

Para tener paz en nuestros corazones nos conviene hablar más con Él y menos con los hombres.

ॐ Jesús no necesitó muchas palabras para explicarnos cómo tenemos que amar al prójimo.

Se limitó a decir:

—Amaos como yo os he amado.

෮ No se puede amar a Dios más que a expensas
de uno mismo.

෮ ¿Me queréis de veras?
   Comprometeos a tener un corazón lleno de
amor.

෮ La amistad de Jesús es fiel y personal, y nos
permite intimar con Él en la ternura y en el amor.

෮ Me hubiera gustado dedicarme a la contempla-
ción: permanecer todo el día en compañía de
Jesús, no hablar más que con Él.

෮ No es importante lo que nosotros decimos.
   Lo que importa es lo que Dios nos dice y dice a
través de nosotros.

෮ El amor es un fruto de todas las estaciones, de
todas las épocas y al alcance de todos.

Todos pueden recoger este fruto a manos llenas, sin fijación previa de cupos.

❧ En nuestros centros, especialmente en los de la India, hay de todo: hindúes, musulmanes, sijs, cristianos.

A nadie le preguntamos por su religión, y respetamos la de todos.

Respetar la religión de los demás es una condición de paz.

❧ Mirando a la Cruz podemos comprobar cuánto nos amó Jesús.

❧ Debemos conservar en nuestros corazones la alegría de amar a Dios y compartirla con cuantos nos rodean, especialmente en el seno de nuestras familias.

❧ El trabajo sin amor es esclavitud.

Si no hay amor entre nosotros, aunque nos

matemos a trabajar, el trabajo será siempre y sólo trabajo, no amor.

൘ Cuando veo a una persona entregada sólo a medias, me asalta un temor: algo hay que divide su amor.

൘ Para Dios no hay nada insignificante.
Cuanto más pequeñas sean las cosas, mayor debe ser el amor que ponemos en hacerlas.

൘ Hay algo que es muy urgente: recordarnos que Jesús nos ha mandado que nos amemos los unos a los otros.

൘ En el mundo actual se abusa mucho de la palabra amor, empleándola para referirse a un sentimiento egoísta, a un amor que es un fin en sí mismo.

ھ Comienza así una oración que recitamos todos los días:

*Señor, ayúdame a difundir tu luz donde
quiera que vaya.*
*Resplandece a través de mí de tal manera que
cada alma con la que entre en contacto pueda
sentir tu presencia en mi alma...*

Hogar y familia

La paz y la guerra empiezan en el hogar.
Si de verdad queremos que haya paz en el mundo,
empecemos por amarnos unos a otros en el seno
de nuestras propias familias.
Si queremos sembrar alegría en derredor nuestro,
precisamos que toda familia viva feliz.

ھ Algunos padres están llenos de amor y de ternura hacia sus hijos.

Recuerdo el ejemplo de una madre que tenía doce hijos.

La más pequeña de todos, que era niña, estaba afecta de una profunda minusvalía.

Me resulta difícil describir su aspecto, tanto desde el punto de vista físico como emocional.

Cuando se me ocurrió brindarme a acoger a la niña en uno de nuestros hogares, donde teníamos otros en condiciones parecidas, la madre prorrumpió en sollozos:

—¡Por Dios, Madre Teresa, no me diga eso! Esta criatura es el mayor regalo que Dios ha hecho a mi familia. Todo nuestro amor se centra en ella. Si se la lleva, nuestras vidas carecerán de sentido.

ھ No deberíamos vivir en las nubes, en un nivel de superficialidad.

Deberíamos empeñarnos en comprender mejor a nuestros hermanos y hermanas.

Para comprender mejor a aquellos con quienes convivimos, es necesario que antes nos comprendamos a nosotros mismos.

ʖ Jesús, nuestro modelo en todo, lo es también en la obediencia.

Yo estoy convencida de que siempre pedía permiso para todo a María y a José.

ʖ En Jesús, María y José, los integrantes de la Sagrada Familia de Nazaret, se nos brinda un magnífico ejemplo para la imitación.

¿Qué fue lo que hicieron?

José era un humilde carpintero ocupado en mantener a Jesús y María, proveyéndoles de alimento y vestido: de todo lo que necesitaban para subsistir.

María, la madre, tenía también una humilde tarea: la de ama de casa con un hijo y un marido de los que ocuparse.

A medida que el hijo fue creciendo, María se sentía preocupada porque tuviera una vida normal, porque se sintiera a gusto en casa, con ella y con José.

Era aquél un hogar donde reinaban la ternura, la comprensión y el respeto mutuo.

Como he dicho: un magnífico ejemplo para nuestra imitación.

∾ Hoy todo el mundo da la impresión de andar acelerado.

Nadie parece tener tiempo para los demás: los hijos para sus padres, los padres para sus hijos, los esposos el uno para el otro.

La paz mundial empieza a quebrarse en el interior de los propios hogares.

∾ De vez en cuando deberíamos plantearnos algunos interrogantes para saber orientar mejor nuestras acciones.

Deberíamos plantearnos interrogantes como éste: ¿Conozco a los pobres? ¿Conozco, en primer lugar, a los pobres de mi familia, de mi hogar, a los que viven más cerca de mí: personas que son pobres, pero acaso no por falta de pan?

Existen otras formas de pobreza, precisamente más dolorosa en cuanto más íntima.

Acaso mi esposa o mi marido carezcan, o carezcan mis hijos, mis padres, no de ropa ni de alimento. Es posible que carezcan de cariño, porque yo se lo niego.

ॐ ¿Dónde empieza el amor?
En nuestros propios hogares.
¿Cuándo empieza?
Cuando oramos juntos.
La familia que reza unida permanece unida.

ॐ Muchas veces basta una palabra, una mirada,
un gesto para que la felicidad llene el corazón del
que amamos.

ॐ A veces, cuando tropiezo con padres egoístas,
me digo:
«Es posible que estos padres estén preocupados
por los que pasan hambre en África, en la India o
en otros países del Tercer Mundo. Es posible que
sueñen con que el hambre desaparezca. Sin embargo, viven descuidados de sus propios hijos, de
que hay pobreza y hambre de naturaleza diferente
en sus propias familias. Es más: son ellos quienes
causan tal hambre y tal pobreza.»

ဆ El amor empieza al dedicarnos a aquellos a quienes tenemos a nuestro lado: los miembros de nuestra propia familia.

Preguntémonos si somos conscientes de que acaso nuestro marido, nuestra esposa, nuestros hijos, o nuestros padres viven aislados de los demás, de que no se sienten queridos, incluso viviendo con nosotros.

¿Nos damos cuenta de esto?

¿Dónde están hoy los ancianos?

Están en asilos (¡si es que los hay!).

¿Por qué?

Porque no se los quiere, porque molestan, porque...

ဆ Empieza diciendo una palabra amable a tu hijo, a tu marido, a tu mujer.

Empieza ayudando a alguien que lo necesite en tu comunidad, en tu puesto de trabajo o en tu escuela...

ဆ El mundo está saturado de sufrimientos por falta de paz.

Y en el mundo falta paz porque falta en los hogares.

Hay muchos —¡demasiados!— hogares divididos.

ॐ La mujer ha sido creada para amar y ser amada. La mujer es el centro de la familia.

Si hoy existen problemas graves, es porque la mujer ha abandonado su lugar en el seno de la familia.

Cuando el hijo regresa a casa, su madre no está allí para acogerlo.

ॐ ¿Cómo podremos amar a Jesús en el prójimo si no empezamos por amarlo en las personas que tenemos a nuestro lado, en nuestro propio hogar?

ॐ No es necesario desplazarse hasta los suburbios para tropezar con la carencia de amor y encontrar pobreza.

En toda familia y vecindario existe alguien que sufre.

  Hacedme caso: si no prestáis un sacrificio gratuito a quienes están a vuestro lado, tampoco se lo podréis ofrecer a los pobres.

  La palabra «amor» es tan mal entendida como mal empleada.

Una persona puede decir a otra que la quiere, pero intentando sacar de ella todo lo que pueda, incluso cosas que no debería.

En tales casos no se trata en absoluto de verdadero amor.

El amor verdadero puede llegar a hacer sufrir.

Por ejemplo, es doloroso tener que dejar a alguien a quien se quiere.

A veces puede incluso tenerse que dar la vida por alguien a quien se ama.

Quien contrae matrimonio tiene que renunciar a todo lo que se opone al amor a la otra parte.

La madre que da a luz a un hijo sufre mucho.

Lo mismo sucede con nosotras en la vida religiosa: para pertenecer por completo a Dios tenemos que renunciar a todo: sólo así podemos amarlo verdaderamente.

ଇ Si queremos verdaderamente la paz, debemos adoptar una resolución firme: no consentir que un solo niño viva privado de amor.

ଇ Me temo que no existe conciencia de lo importante que es la familia.
Si se instalase el amor en el interior de la familia, el mundo cambiaría para bien.

ଇ Los jóvenes de hoy, como los de cualquier tiempo, son generosos y buenos.
Pero no debemos engañarlos estimulándoles a consumir diversiones.
La única manera de que sean felices es ofrecerles la ocasión de hacer el bien.

ଇ El amor comienza por el hogar.
Si la familia vive en el amor, sus miembros esparcen amor en su entorno.

ॐ Señor, enséñame a no hablar como un bronce que retumba o una campanilla aguda, sino con amor.

Hazme capaz de comprender y dame la fe que mueve montañas, pero con el amor.

Enséñame aquel amor que es siempre paciente y siempre gentil: nunca celoso, presumido, egoísta y quisquilloso.

El amor que encuentra alegría en la verdad, siempre dispuesto a perdonar, a creer, a esperar, a soportar.

En fin, cuando todas las cosas finitas se disuelvan y todo sea claro, haz que yo haya sido el débil pero constante reflejo de tu amor perfecto.

VIRTUDES

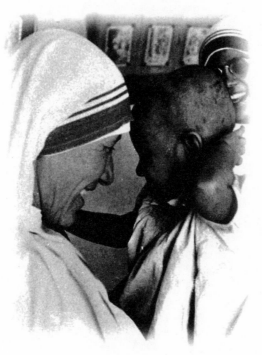

Si de verdad fuésemos humildes,
nada nos cambiaría:
ni la alabanza ni el desánimo.
Si alguien nos criticase,
no sentiríamos desánimo.
Si alguien nos ensalzase,
no nos sentiríamos orgullosos.

જ ¿Quiénes somos nosotros para condenar a nadie?

Es posible que veamos a alguien realizar algo que no nos parece correcto, pero ignoramos por qué lo hace.

Jesús nos invitó a no condenar a nadie.

Podría ser que nosotros fuésemos los responsables de que otros realicen actos que no nos parecen correctos.

No olvidemos que se trata de hermanos y hermanas nuestros.

Ese enfermo de lepra, ese enfermo de la enfermedad que sea, ese borracho: todos son hermanos y hermanas nuestros.

También ellos han sido creados por un amor más grande.

Es algo que nunca deberíamos olvidar.

Ese enfermo, ese alcohólico, ese raterillo son hermanos y hermanas míos.

Es posible que se encuentren abandonados por las calles porque nadie les ha dado amor y comprensión.

Vosotros y yo podríamos estar en su lugar si no hubiésemos sido amados y comprendidos por otros seres humanos.

Jamás me olvidaré de un alcoholizado que me refirió su historia.

Se había abandonado al alcohol para olvidar el drama de no sentirse querido.

Antes de juzgar a los pobres, tenemos el deber de observar nuestro interior.

ᕫ Se dice que la humildad es la verdad.

La senda que nos hará más semejantes a Jesús es la de la humildad.

ᕫ Se dice que la humildad es la verdad y que Jesús es la verdad.

Por consiguiente, la única manera de parecerse a Cristo es practicar la humildad.

Pero no creamos que la humildad se demuestra ocultando los dones de Dios: tenemos que hacer uso de todos los dones que Dios nos ha dado.

ᕫ El orgullo lo destruye todo.

Imitar a Jesús es la clave para ser mansos y humildes de corazón.

ଭ Si hubiera más amor, más unidad, más paz y
mayor felicidad en la familia, no habría tantos
alcohólicos y drogadictos.

ଭ La alegría es oración.
La alegría es fuerza.
La alegría es amor.
La alegría es una red de amor con la que
podremos «cazar» almas.

ଭ Prefiero mil veces equivocarme pasándome de
buena que hacer milagros sin ser bondadosa.

ଭ Todos tenemos el deber de trabajar en favor de
la paz.
Pero para lograr la paz deberemos aprender de
Jesús a ser mansos y humildes de corazón
(cfr. Mt. 11, 29).
Sólo la humildad nos conducirá a la unidad, y
la unidad a la paz.
Ayudémonos unos a otros a aproximarnos más
a Jesús para aprender a ser humildes y gozosos.

૭ No me preocupa la política.

Mejor, no me queda tiempo para preocuparme de temas relacionados con ella.

Todo el mundo lo sabe.

¿Que estoy equivocada?

En todo caso, prefiero equivocarme dentro de la caridad.

૭ No debemos desperdiciar ninguna de las oportunidades que se nos brindan de hacer el bien.

Pueden parecernos cosas insignificantes, pero nada lo es para Dios.

૭ Toda la vida de nuestro Señor, desde el primer momento hasta el último, fue mansedumbre y amabilidad hacia los demás.

Si nos hemos percatado de ello, lo sabemos todo del designio de Dios.

Si no lo hemos aprendido, lo hemos perdido todo.

૭ Jesús no predicó una religión nueva, sino una vida nueva.

꙳ Jesús hubiera podido disponer de un palacio.
En cambio, quiso ser pobre.
¿Por qué?
Para hacernos fácil la pobreza a nosotros.

꙳ Cada uno de nosotros tiene que llevar su
propia cruz: ésa es la señal de que pertenecemos
a Cristo.

꙳ No debemos emitir juicios de condena, de
murmuración.
Ni siquiera permitirnos insinuación alguna
capaz de herir a las personas.
A lo mejor una persona nunca ha oído hablar
del cristianismo, de manera que no sabemos qué
camino ha escogido Dios para mostrarse a esa
alma y cómo Él la está moldeando.
Por eso mismo, ¿quiénes somos nosotros para
condenar a nadie?

꙳ Cuando alguien os haga daño, no penséis en
vosotros ni en él: se está haciendo mal a sí mismo,

está haciendo mal a Jesús, que está dentro de él.

Debéis aprender a perdonar.

Debéis aprender que tenemos necesidad de perdón.

Lo comprenderá luego.

Será para él una humillación tremenda cuando se dé cuenta.

ॐ Las críticas no son otra cosa que orgullo disimulado.

Una alma sincera para consigo misma nunca se rebajará a la crítica.

La crítica es el cáncer del corazón.

ॐ Si sois humildes, hijas mías, no tendré el menor temor por vosotras.

ॐ Cuando nos demos cuenta de que somos pecadores necesitados de perdón, nos resultará más fácil perdonar a los demás.

Mientras no comprenda esto me será muy costoso decir *te perdono* a cualquiera que se dirija a mí.

No hace falta ser cristianos para perdonar.

Todo ser humano procede de la mano de Dios y todos sabemos cuánto nos ama Dios.

Cualquiera que sea nuestra creencia, tenemos que aprender a perdonar, si queremos amar de verdad.

ھ ¿Por qué sus paisanos rechazaron a Jesús?

No permita Dios que nuestros semejantes nos rechacen por nuestras riquezas.

ھ Fidelidad, puntualidad, pequeñas palabras llenas de bondad, algún pequeño pensamiento para los demás, ciertos pequeños gestos hechos de silencio, de miradas, de pensamientos, de palabras, de obras.

Justo estas cosas son las «gotas de amor» que hacen que nuestra vida transcurra con tanto resplandor.

ھ Con frecuencia, los cristianos predicamos un Evangelio que no vivimos.

Ésa es la razón de que el mundo no crea.

ᗧ Para sobrevivir, el amor ha de alimentarse de sacrificios.

Las palabras de Jesús: *Amaos los unos a los otros como yo os he amado*, no sólo deberían ser una luz para nosotros sino una llama que consumiese nuestro egoísmo.

Amar debe ser tan natural como vivir y respirar.

Decía santa Teresita: «Cuando obro y pienso con caridad, siento que Jesús es quien obra en mí. Cuanto más profunda es mi unión con Él, más fuerte es mi amor por quienes habitan en el Carmelo.»

ᗧ Tratemos de despojar nuestros corazones de todo lo que no sea Jesús.

ᗧ El verdadero humilde es el que evita enjuiciar a los demás, cultiva de continuo pensamientos afables a su respecto, se congratula del bien que hacen, sabe disculpar sus yerros, se encuentra a gusto y alegre entre los pobres, con los enfermos y los moribundos.

El que no se enfrenta interiormente con los que mandan, se mantiene sereno en la hora de la humillación y respeta a quienes están a su lado: ése es de verdad humilde.

❧ Eres humilde de veras si rehúsas juzgar y criticar a los demás, si te alegras del bien que hacen por Jesús, si eres capaz de excusar sus faltas, si eres feliz y estás siempre sereno con los pobres, con los enfermos, con los moribundos.

❧ Cuando alguien nos falta al respeto, no olvidamos que ése es el momento que debemos compartir con Jesús.

Bastaría con que recordásemos que es Jesús quien nos da, por medio de esas personas y de esas circunstancias, la oportunidad de hacer algo hermoso para Él.

❧ Jesús se nos propuso como modelo diciendo: «Aprended de mí, que soy manso y humilde de corazón» (Mt. 11, 29).

❧ Más seguro es aprender de Dios que de los libros.

Los libros, a veces, más bien sirven para confundir las ideas.

❧ Un corazón alegre se sabe proteger muy bien de la suciedad que el diablo trata de sembrar en nuestros corazones.

❧ Dios tiene medios propios de trabajar los corazones de los hombres y nosotros no podemos saber cuán cerca de Él se encuentra cada uno.

❧ Jesús ama a todos y a cada uno.
Imitemos su ejemplo.

❧ Un solo acto de desobediencia puede hacernos mucho daño.

Debemos comprender que quien nos manda en la obediencia es Dios, lo mismo que a Nuestra Señora.

A María, Dios no le habló directamente, sino por medio de un ángel.

Haciendo lo que decía el ángel obedecía a Dios.

Tampoco a nosotros nos habla Dios directamente.

Él habla por medio de los otros, que son instrumentos en sus manos.

๑ Debemos ofrecer a Dios un corazón puro, tal como, en el día de su boda, dos novios se ofrecen el uno al otro.

๑ No importa quiénes son ni cómo son quienes nos mandan.

Lo que importa es que estemos convencidos de que son instrumentos de la voluntad de Dios a nuestro respecto y que no nos equivocamos obedeciéndoles.

๑ Si no vivimos en la presencia de Dios, no avanzaremos.

~ Dejémonos de decir palabras bonitas y sustitu-
yámoslas con buenas obras.

Porque lo que cuentan son los hechos.

~ No nos hagamos ilusiones: lo que determina la
calidad de nuestros actos es lo que hay en nuestros corazones.

Lo dice el refrán: De la plenitud del corazón
habla la boca.

~ Vocación significa preferir la vida interior a la
exterior, elegir una perfección austera y continua
en lugar de una mediocre, cómoda e intermitente.

No lo digo yo; lo dice el Santo Padre.

~ La humildad es fruto de la gracia.

De la soberbia, en cambio, brotan el odio y la
amargura.

~ El silencio es algo maravilloso.

Es la defensa de nuestra vida interior.

∾ Tengámoslo bien claro: no es puro el que no tiene tentaciones sino el que las vence.

∾ Muchas veces tendría la respuesta a flor de labios, pero renuncio a darla.
Aguardo, y doy gracias a Dios de que me brinde tal oportunidad.

∾ El respeto de la fe religiosa de los demás es una condición indispensable para que pueda haber paz.

∾ No podemos ser libres si no somos capaces de someter libremente nuestra voluntad al querer de Dios.

∾ Si no queremos morir de anemia espiritual, debemos alimentar nuestro espíritu.
Debemos tener permanentemente lleno nuestro espíritu, igual que, para que pueda circular, no se deja que se le termine la gasolina a un coche.

ॐ Mientras no escuches a Jesús en tu corazón, no podrás oírle decir que tiene sed en los corazones de los pobres.

ॐ «Lo que habéis recibido gratuitamente, dadlo gratuitamente» (Mt. 10, 8).
No debemos despojar de contenido esta expresión ni permitir que otros lo hagan.
Todo lo debemos llevar a cabo con sencillez y de la manera más gratuita.

ॐ Si hay una virtud que le produzca pavor al diablo es la humildad.
Le asusta menos la fe que la humildad.

ॐ El primer pecado fue de desobediencia, porque Lucifer se negó a someterse, a obedecer: «¡No serviré!»
Ocurrió lo mismo con nuestros primeros padres, Adán y Eva.
Se negaron a obedecer y comieron el fruto prohibido.

Nuestra desobediencia es una prolongación del primer pecado de la humanidad.

᷍ Debemos afianzar nuestra pertenencia a Jesús, porque sólo Él merece nuestro amor y nuestra entrega total.

᷍ No se aprende a ser humildes leyendo una gran cantidad de libros ni oyendo grandes sermones sobre la humildad.
Se aprende aceptando las humillaciones.

᷍ La obediencia inunda nuestras almas de una paz indestructible y de una inmensa alegría interior.

᷍ Vivir en la obediencia es un privilegio, un honor, una gracia muy especial.

᷍ De una forma u otra, todos en este mundo tienen que obedecer.

MARÍA

María es nuestra Madre,
la causa de nuestra alegría.
Por ser Madre,
yo jamás he tenido dificultad alguna
en hablar con María
y en sentirme muy cercana a Ella.

െ   Suelo recomendar el rezo de la siguiente
oración:

María, Madre de Jesús
y de cuantos participan de su ministerio sacerdotal,
acudimos a Ti como hijos que acuden a su Madre.
Ya no somos niños,
sino adultos que de todo corazón desean ser hijos de
Dios.
Nuestra condición humana es débil;
por eso venimos a suplicar tu ayuda maternal
para conseguir sobreponernos a nuestras debilidades.
Ruega por nosotros,
para que, a nuestra vez, podamos ser
personas de oración.
Invocamos tu protección para poder permanecer
libres de todo pecado.
Invocamos tu amor para que el amor pueda reinar,
y nosotros podamos ser compasivos
y capaces de perdonar.
Invocamos tu bendición
para que podamos ser como la imagen de tu Hijo,
Señor y Salvador nuestro, Jesucristo.
Amén.

ॐ A raíz de su visita a Calcuta, el Santo Padre
Juan Pablo II decidió establecer en el Vaticano un
hogar para quienes carecen de él, para los enfermos y moribundos de Roma.

Ese hogar se denomina «Regalo de María».

ॐ Si leemos con atención el Santo Evangelio, nos
percatamos de que María, Madre de Dios, no hizo
largos discursos.

Para dar gloria y gracias a Dios, recitó el
siguiente himno:

Mi alma engrandece al Señor,
y mi espíritu se alegra en Dios mi Salvador,
porque ha puesto los ojos en la humildad de su esclava.
Mirad: desde ahora me llamarán feliz todas las
generaciones, porque el Poderoso ha hecho por mí
cosas maravillosas.
Santo es su nombre
y su misericordia llega de generación en generación
a los que lo temen.
Mostró la fuerza de su brazo,
dispersó a los de pensamiento orgulloso en el corazón,
derribó de sus tronos a los poderosos

y elevó a los humildes;
a los hambrientos los llenó de bienes
y a los ricos los despidió sin nada.
   Socorrió a su siervo Israel,
acordándose de su misericordia,
según dijo a nuestros padres,
a Abraham y a su semilla por la eternidad.
(Lc. 1, 46-55).

෴ Cuando la congregación de las Misioneras de la Caridad acababa de ser fundada, tuvimos necesidad urgente de un edificio para la casa matriz.

   Para conseguirlo, yo prometí rezar a la Virgen 85 000 veces el *Acordaos*.

   Es decir, la siguiente oración:

Acordaos, oh piadosísima Virgen María,
que jamás se ha oído decir
que ninguno de cuantos han invocado vuestra
protección,
implorado vuestro auxilio
o suplicado vuestra intercesión,
haya sido desamparado.
   Animado por esta misma confianza, recurro a Vos,

oh Virgen de las vírgenes y Madre mía amantísima.
A Vos acudo, ante Vos me postro,
triste y pecador.

Oh, Madre del Verbo Encarnado,
no despreciéis mis peticiones,
sino que, por vuestra bondad,
dignaos escucharme y socorrerme.
Amén.

Por entonces éramos todavía muy pocas Hermanas.

¿Cómo podríamos hacer frente a nuestra deuda de oraciones?

Se me ocurrió una solución: reunir a todos los niños y a los enfermos que teníamos a nuestro cuidado en *Nirmal Hriday* y en *Shishu Bhavan*.

Les enseñé la oración y todos hicimos promesa de decirla.

El edificio no tardó en ser nuestro.

&~ Con motivo de la celebración del Año santo de 1984, el Santo Padre estaba celebrando la santa Misa en la plaza de San Pedro, ante una muchedumbre inmensa.

Asistía también a la Misa un grupo de Misioneras de la Caridad.

De repente empezó a llover.

Dije a las Hermanas:

—Recemos en seguida nueve *Acordaos* a Nuestra Señora para que deje de llover.

Estábamos todavía en el segundo *Acordaos* cuando la lluvia arreció todavía más.

Cuando fuimos llegando al tercero, al cuarto, quinto, sexto, séptimo y octavo, los paraguas empezaron a cerrarse.

A punto de terminar el noveno, los únicos paraguas abiertos eran los nuestros: nos habíamos preocupado tanto de rezar que dejamos de prestar atención al tiempo.

Y ya había dejado de llover.

&. Deberíamos aprender de María a prestar atención a las necesidades tanto materiales como espirituales de nuestros pobres.

&. Nuestra Señora nos ofrece las mejores lecciones de humildad.

Aunque estaba llena de gracia, se proclamó esclava del Señor.

Aun siendo Madre de Dios, fue a visitar a su prima Isabel para hacer las tareas del hogar.

Aunque concebida sin mancha, se encuentra con Jesús humillado con la cruz a cuestas camino del Calvario y permanece al pie de la cruz como una pecadora necesitada de redención.

ᔆ No nos quedemos parados aguardando a que los pobres vengan a nosotros.

Salgamos, vayamos en su busca, como hizo María una vez que se sintió llena de Jesús.

Pero, de camino, vayamos rezando.

ᔆ Sorprende la humildad con que se inició el misterio de la Redención.

Porque Dios no envió al arcángel Gabriel a un palacio de gente ilustre y rica, sino a la joven doncella María, que vivía en una humilde casita de Nazaret.

Por otra parte, María no hizo más que una pregunta: «¿Cómo puede ser esto?»

El ángel le dio una sencilla explicación y ella, la Llena de gracia, no pretendió saber más.

❧ Todos tenemos presente la escena del banquete nupcial descrito en el Evangelio (Jn. 2, 3).

Había mucha gente, pero sólo María se percató de que el vino empezaba a escasear.

Tuvo compasión de aquella joven pareja y quiso evitarle la humillación de no tener vino suficiente para los invitados.

¿Qué hizo?

Sin llamar la atención, con serenidad, dejó la sala (porque en las fiestas judías mujeres y hombres estaban separados entre sí) y, acercándose a Jesús, le dijo con total sencillez:

—No tienen vino.

Ahí se nota la caridad de María.

Advierte las necesidades de los demás y se las comunica a Jesús con toda delicadeza.

❧ Debemos hacer todo lo posible para que nuestra lengua no se manche, porque Jesús tiene que posarse sobre ella, como vivió encerrado en el seno de María.

ର Dios no habló a María directamente, sino por medio de un ángel.

Y María, haciendo lo que el ángel le había dicho, obedeció a Dios.

ର A María, nuestra Madre, le demostraremos nuestro amor trabajando por su Hijo Jesús, con Él y para Él.

ର Deberíamos hacer con los pobres lo que hizo María con su prima Isabel: ponernos a su servicio.

ର Tras dar el sí, María ya no tuvo la menor duda.
No lo volvió a comentar con nadie.
Ni siquiera con san José.

ର Oigamos a María para que nos enseñe, como hizo con su Hijo Jesús, a ser mansos y humildes de corazón, y de esta manera poder dar gloria a nuestro Padre que está en los cielos.

꙰ La última vez que estuve en Holanda, vino a visitarme un protestante acompañado por su mujer y me soltó:

—Tengo la impresión de que los católicos os pasáis con María.

Yo le contesté que sin María no hay Jesús.

Él no replicó.

Unos días después me envió una hermosa postal con esta expresión: «Sin María no hay Jesús.»

VIDA Y MUERTE

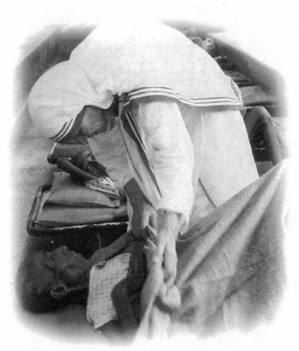

A la hora de la muerte
no seremos juzgados según el número
de obras de mérito que hayamos realizado
ni por el número de diplomas
que hayamos cosechado a lo largo de nuestra vida.
Seremos juzgados por el amor que hemos puesto
en nuestras obras y gestos.

ᘒ   Confiemos a Dios la decisión que ha dado tantos santos a la Iglesia, y en una ciudad tan bella
como ésta jamás habrá ser humano alguno, anciano o joven, mujer u hombre, que se sienta abandonado.

Si algo semejante hubiese de ocurrir, si os ocu-
rriese ser testigos de un hecho de tal naturaleza,
tratad de haceros con la dirección de las Misioneras de la Caridad y ponedlas al corriente de lo que
sucede.

Ellas se harán cargo de la persona o personas
que están abandonadas, firmemente convencidas
de que la persona abandonada es el propio Cristo.

ᘒ   La vida es un don que Dios nos ha dado.

Esa vida está presente incluso en un ser no
nacido.

La mano del hombre jamás debería poner fin a
una vida.

Estoy convencida de que los gritos de los niños
cuyas vidas han sido truncadas antes de su naci-
miento hieren los oídos de Dios.

∾ La guerra es un exterminio de seres humanos.

¿A quién se le ocurrirá jamás pensar que pueda ser «justa»?

∾ El primer ser humano que dio la bienvenida a Jesús, que lo reconoció desde el seno de su propia madre, fue un niño: Juan el Bautista.

Es algo maravilloso: Dios elige a un niño no nacido para anunciar la venida de su Hijo Redentor.

∾ En tanto no hagamos el mayor esfuerzo de que somos capaces, no podemos sentirnos desanimados por nuestros fracasos.

Pero tampoco estamos legitimados para atribuirnos éxito alguno.

Debemos atribuirlo todo a Dios y hacerlo con absoluta sinceridad.

∾ ¡No deis muerte a los niños!

Nosotras nos haremos cargo de ellos.

No es otra la razón de que nuestros orfanatos estén siempre a rebosar.

En Calcuta circula una broma que suena de esta suerte: «La Madre Teresa habla mucho de la planificación natural (de los nacimientos), pero el número de niños a su alrededor no deja de ir en aumento.»

  ❧ Hace unos meses (como no dejáis de saber, nosotras trabajamos también por las noches), hicimos un recorrido por Calcuta y recogimos a unas cinco o seis personas que yacían abandonadas en las calles.

Se encontraban en condiciones muy tristes.

Por esa razón las llevamos a la Casa del Moribundo de Kalighat.

Entre las personas que recogimos se encontraba una señora muy menuda que, a consecuencia de sus condiciones extremas, estaba a punto de agonizar.

Yo dije a las Hermanas:

—Ocupaos de los otros. Yo me haré cargo de esta mujer.

Estaba a punto de ponerla en una cama cuando ella tomó mi mano y se dibujó en su rostro una hermosa sonrisa.

No dijo más que esto:

—¡Gracias!

Y expiró.

Os lo aseguro: me dio mucho más de lo que le había dado yo a ella.

Me ofreció su amor agradecido.

Observé su rostro unos instantes, preguntándome: «En su lugar, ¿qué habría hecho yo?»

Y me contesté con toda sinceridad: «Sin duda alguna, habría hecho lo imposible por atraer la atención de los demás. Habría gritado: "¡Tengo hambre! ¡Me estoy muriendo de sed! ¡Socorro, me muero!"»

Ella, por el contrario, se mostró tan agradecida, tan generosa...

No me cansaré jamás de repetirlo: ¡Los pobres son maravillosos!

   En mi corazón yo conservo las postreras miradas de los moribundos.

Yo hago todo lo que soy capaz de hacer para que se sientan amados en ese momento importantísimo en el que una existencia aparentemente inútil puede ser redimida.

ॐ Recuerdo una vez en que recogí, de entre los escombros, a una anciana señora que se estaba muriendo.

La cogí en mis brazos y la llevé a nuestra casa.

Ella era consciente de estar muriendo.

Lo único que, con amargura, no dejaba de repetir era:

—¡Me lo ha hecho mi propio hijo!

No es que dijese: «Me muero de hambre. Ya no aguanto más.»

Su obsesión no era otra:

—¡Decir que me ha hecho esto mi propio hijo!

Me llevó tiempo poder oírle decir:

—Perdono a mi hijo.

Lo musitó a punto ya de expirar.

ॐ Morir en paz con Dios es la culminación suprema de toda vida humana.

De todos los que han muerto en nuestros hogares, jamás he tenido ocasión de ver morir a ninguno con desesperación o lamentándose.

Todos han muerto serenamente.

Llevé a nuestra Casa del Moribundo Abandonado de Calcuta a un hombre que había recogido en la calle.

Cuando ya me iba, me dijo:

—He vivido como un animal por las calles, pero voy a morir como un ángel. Me siento feliz.

Murió sonriendo, porque se sentía amado y rodeado de cuidados.

¡Ésa es la grandeza de nuestros pobres!

ৡ Si no se vive para los demás, la vida carece de sentido.

EL Que NO vive para servir
NO SIrve para vivir

SONREÍR

La paz empieza con una sonrisa.

ର Cuando el sufrimiento se abate sobre nuestras vidas, deberíamos aceptarlo con una sonrisa.

Éste es el don más grande de Dios: tener el coraje de aceptar todo lo que nos manda y pide con una sonrisa.

ର Sonreír a alguien que está triste; visitar, aunque sólo sea por unos minutos, a alguien que está solo; cubrir con nuestro paraguas a alguien que camina bajo la lluvia; leer algo a alguien que es ciego: éstos y otros pueden ser detalles mínimos, pero son suficientes para dar expresión concreta a los pobres de nuestro amor a Dios.

ର Jamás seré capaz de comprender todo el bien que puede producir una simple sonrisa.

ର A veces se nos hace más difícil sonreír a quienes viven con nosotros, a los componentes de nuestra propia familia, que a aquellos que no viven con nosotros.

No lo olvidemos nunca: el amor empieza en el hogar.

ᇬ Una vez, hace ya años de esto, un grupo de profesores de Estados Unidos se encontraba de visita en Calcuta.

Tras visitar nuestra Casa del Moribundo Abandonado en Kalighat, vinieron a verme a mí.

Antes de irse, uno de ellos me pidió que les dijese algo que se pudiesen llevar como recuerdo de la visita y que, al propio tiempo, les pudiese servir.

—Sonríanse unos a otros —les recomendé.

(Tengo la sensación de que andamos todos tan apresurados que ni siquiera tenemos tiempo para sonreírnos mutuamente.)

Uno de ellos dijo:

—¡Cómo se ve, Madre, que no está usted casada!

—Lo estoy —le dije—. Y a veces se me hace cuesta arriba sonreír a Jesús, porque me pide demasiado.

ᇬ Lo que sorprende a los demás no es tanto lo que hacemos como comprobar que nos sentimos felices de hacerlo y sonreímos haciéndolo.

ھ Todas las dificultades desaparecen cuando se comprende la alegría y la libertad que vienen de la pobreza.

ھ A veces somos muy capaces de granjearnos las simpatías de aquellos con quienes nos encontramos por la calle, pero no siempre somos capaces de sonreír a quienes están a nuestro lado en el hogar.

ھ La Misionera de la Caridad que no tiene la alegría como característica no merece tal nombre.

San Pablo, a quien debemos tratar de imitar, fue un apóstol lleno de alegría: «Estoy rebosante de alegría en todas mis tribulaciones», decía.

Y añadía: «Nadie, ni los sufrimientos, ni las persecuciones, ni ninguna otra cosa podrán separarme de Cristo. No soy yo el que vive. Es Cristo quien vive en mí» (Rom. 8, 39).

ᆬ Debemos aceptar con una sonrisa todo lo que
Dios nos manda y darle todo lo que nos pide, dispuestos a decir sí a Jesús aunque no nos pida
nuestro parecer.

ᆬ Cuanto más repugnante es el trabajo, tanto
mayor debe ser nuestra fe y más alegre nuestra
entrega.

DINERO

Si algo me asusta es el dinero.
La codicia —apego al dinero—
fue lo que empujó a Judas a vender a Jesús.

∽ ¡Cuántas cosas poseemos de las que no queremos desprendernos porque estamos apegados a ellas!

Es mejor tener poco, para hacer donación de todo a Jesús.

∽ Con el coche que me dio el papa Pablo VI con ocasión de su viaje a Bombay (año 1964), hicimos una rifa.

Con el dinero recolectado creamos un gran centro para leprosos al que pusimos el nombre de *Ciudadela de la Paz.*

Con el dinero del Premio Juan XXIII creamos otro centro de rehabilitación y lo denominamos *Don de la Paz.*

Con el dinero del Premio Nobel de la Paz, construimos viviendas para los pobres, porque sólo acepté el premio en nombre y en representación de los pobres.

∽ Todo el que está pendiente de su dinero, o vive con su preocupación, no deja de ser una pobre persona.

Si esa persona pone su dinero al servicio de los demás, entonces se siente rica, muy rica de verdad.

❧ No nos demos por satisfechos por el simple hecho de dar dinero.

El dinero no lo es todo.

El dinero es algo que se puede conseguir.

Los pobres tienen necesidad de la ayuda de nuestras manos, del amor de nuestros corazones.

El amor, un gran amor, es la mejor expresión de nuestra religiosidad.

❧ Hay personas que pueden permitirse el lujo de una vida muy confortable.

Es posible que sea fruto de los esfuerzos que han realizado.

Lo que me irrita es el despilfarro.

Me irrita observar que hay personas que malgastan y desperdician cosas que podríamos emplear en favor de los pobres.

ɞ Debemos tener una gran confianza en la Divina
Providencia, que jamás dejará que falte nada a los
pobres.

ɞ El dinero es importante, porque para dar de comer a los pobres necesitamos comprarles comida.
    Pero es más importante compartir el trabajo
que se hace con ellos.

ɞ Cuando no necesitamos algo, no lo aceptamos.
    Cuando lo necesitamos, estamos convencidas
de que Dios proveerá.
    Y provee siempre.

ɞ Cuanto menos poseemos, más podemos dar.
    Parece imposible, pero no lo es.
    Ésa es la lógica del amor.

ɞ Protejamos nuestra obra, nuestra misión, de
todo lo que pueda inducir a la gente a pensar que
nos dedicamos a recaudar dinero.

෨ La gente es muy generosa con nosotras y con nuestra obra.

Todos los días nos llega dinero de todas las partes del mundo.

A una gran parte del dinero que recibimos lo llamo *Dinero del Sacrificio*.

Es el que procede de pequeñas o grandes renuncias.

El dinero, por ejemplo, que decide ahorrar una ama de casa que, cuando va de compras a un supermercado, en lugar de gastar doscientos dólares decide gastar ciento cincuenta y destina el resto a los pobres.

෨ Cuando se experimenta apego al dinero se pierde el contacto con Dios.

Pidamos, pues, a Dios que nos libre de tal apego.

Sería preferible la muerte.

No debemos preocuparnos por el dinero, porque Dios está ahí para ayudarnos.

EL SUFRIMIENTO

El sufrimiento en sí mismo no tiene valor alguno.
El mayor don de que podemos disfrutar
es la posibilidad
de compartir la Pasión de Cristo.

෬ Me gusta repetirlo una y otra vez: los pobres son maravillosos.

Los pobres son muy amables.

Tienen una gran dignidad.

Los pobres nos dan mucho más de lo que les damos nosotros a ellos.

En muchos países y ciudades, además de en Calcuta, tenemos hogares para enfermos terminales abandonados.

Una vez me encontré con una anciana en las calles de Calcuta que me dio la impresión de estar muriendo de hambre.

Le ofrecí un plato de arroz.

Se quedó mirándolo como si estuviera absorta.

Traté de darle ánimos para que comiera, pero se limitó a contestar:

—Vamos... es que no puedo creer que sea arroz. ¡Hace tanto tiempo que no pruebo bocado!

No se metió con nadie.

No dijo una palabra contra los ricos.

No salió de sus labios una palabra de reproche contra nadie.

Simplemente, no podía creer que aquello fuese arroz.

¡Ya no podía comer!

ڶ En cada familia y en cada situación humana
hay alguien que sufre.

ڶ No podemos permitir que los hijos de Dios
terminen sus días en un arroyo, como si fuesen
animales.

ڶ En una ocasión me hice cargo de una niña que
andaba errante por las calles.

Llevaba el hambre dibujada en su rostro.

¡Qué sé yo el tiempo que habría pasado desde
la última vez que había comido algo!

Le di un trozo de pan.

La pequeña se puso a comerlo migaja a migaja.

Le dije:

—Come, come el pan. ¿Es que no tienes apetito?

Me miró y dijo:

—Es que tengo miedo de que cuando se
termine aún me quede con hambre.

ڶ Es muy posible que os encontréis con seres
humanos, seguramente muy próximos a vosotros,
necesitados de amor y de cariño.

No se los neguéis.

Demostradles que los reconocéis sinceramente como seres humanos, que son importantes para vosotros.

¿Quiénes son esos seres humanos?

Son Jesús mismo.

Jesús, que se oculta bajo la semblanza del sufrimiento.

෨ Hace unos meses, encontrándome en Nueva York, uno de nuestros enfermos de sida me mandó llamar.

Cuando me encontré junto a su cama, me dijo:

—Puesto que usted es mi amiga, quiero hacerle una confidencia. Cuando el dolor de cabeza se me hace insoportable (supongo que están ustedes enterados de que uno de los síntomas del sida son unos dolores de cabeza muy agudos), los comparo con los sufrimientos que tuvo que sentir Jesús por la coronación de espinas. Cuando el dolor se desplaza a mi espalda, lo comparo con el que debió de soportar Jesús cuando fue azotado por los soldados. Cuando siento dolor en las manos, comparo el sufrimiento de Jesús al ser crucificado.

No me diréis que no hay en ello una demostración de la grandeza del amor de una joven víctima de la enfermedad del sida.

Os aseguro que era muy consciente de que no tenía curación y de que sabía que le quedaba poco tiempo de vida.

Pero tenía un coraje extraordinario.

Lo encontraba en su amor a Jesús, compartiendo su Pasión.

No había señal alguna de tristeza ni de angustia en su rostro.

Más bien llevaba dibujada una gran paz y una alegría interior profunda.

⁊ Los enfermos incurables podéis hacer muchísimo por los pobres.

Vosotros vivís crucificados con Cristo cada día.

Vosotros rociáis nuestro trabajo con vuestra oración, y nos ayudáis a ofrecer a otros la fuerza para trabajar.

⁊ Sufrir no es nada en sí mismo, pero el sufrimiento compartido con la Pasión de Cristo es un don maravilloso y un signo de amor.

Dios es muy bueno al mandaros tanto sufrimiento y tanto amor.

Todo esto se convierte para mí en gozo y me da
mucha fuerza para vuestra causa.

Es vuestra vida de sacrificio la que me infunde
tanta fuerza.

Vuestras oraciones y sufrimientos son como el
cáliz en el cual quienes trabajamos podemos verter
el amor de las almas con las que nos encontramos.

Por eso mismo, vosotros sois tan necesarios
como nosotras.

Juntos, nosotras y vosotros, lo podemos todo
en Aquel que es nuestra fuerza.

  Jamás el dolor estará ausente por completo de
nuestras vidas.

Si lo aceptamos con fe, se nos brinda la oportunidad de compartir la Pasión de Jesús y de
demostrarle nuestro amor.

Un día fui a visitar a una mujer que tenía un
cáncer terminal.

Su dolor era enorme.

Le dije:

—Esto no es otra cosa que un beso de Jesús,

una señal de que está usted tan próxima a Él en la cruz que le resulta fácil darle un beso.

Ella juntó las manos y dijo:

—Madre, pídale a Jesús que no deje de besarme.

❧ Jesús sigue viviendo su Pasión.

Él sigue cayendo, pobre y hambriento, como cayó camino del Calvario.

¿Nos encontramos a su lado, dispuestos a ofrecerle nuestra ayuda?

¿Caminamos a su lado con nuestro sacrificio, con nuestro trozo de pan —pan de verdad— para ayudarle a superar su debilidad?

❧ A menudo pedimos a Jesús que nos ofrezca la oportunidad de compartir sus sufrimientos.

Pero cuando alguien se muestra indiferente a nosotros, nos olvidamos de que es precisamente en ese momento cuando tenemos ocasión de compartir la actitud de Cristo.

   Cuando acababa de fundarse nuestra Congregación, tuve un acceso de fiebre muy alta.

Un día que estaba delirando, me vi ante san Pedro a las puertas del cielo.

Él hacía lo posible para impedirme que entrase diciendo:

—Lo siento. No tenemos chabolas en el cielo.

Yo me enfadé y le dije:

—¡Muy bien! Yo llenaré el cielo de habitantes de los suburbios, y no te quedará otro remedio que dejarme entrar.

¡Pobre san Pedro!

Desde entonces, Hermanas y Hermanos no le dejan descansar.

Y no le queda otra alternativa que cumplir con su deber como portero del cielo puesto que nuestros pobres tienen reservada su plaza en el paraíso con mucha anticipación, gracias sobre todo a sus sufrimientos.

Al final, no les falta otro requisito que el de hacerse con su billete de entrada para mostrarlo a san Pedro.

Los miles y miles de personas que han muerto con nosotras, en nuestros hogares, lo han hecho con la alegría de contar con su billete para mostrarlo a san Pedro.

☙ Hay quienes me recuerdan lo que cierta revista dijo respecto a mí, describiéndome como «una santa viviente».

Si alguien ve a Dios en mí, no puedo sino sentirme feliz por ello.

Yo veo a Dios en todos, pero de manera especial en los que sufren.

☙ Pido a mis Hermanas que jamás pongan caras largas cuando se acercan a los pobres.

Una vez vi a una Hermana que arrastraba los pies por los pasillos con una expresión de tristeza dibujada en su rostro.

La llamé a mi despacho y le dije:

—¿Qué nos mandó Jesús? ¿Que le precediésemos o que le siguiésemos?

La cruz no se encuentra nunca en un hermoso aposento, sino en el Calvario.

Quienes desean pertenecer a Jesús tienen que sentirse felices de caminar con Él.

No importa lo doloroso que sea: tenemos que compartir su Pasión.

൙ Acudo dondequiera haya personas que sufren y tienen necesidad de consuelo.

Nunca me siento cansada.

Una taza de té me basta para recobrar fuerzas.

൙ No tengo tiempo de pensar en mi salud.

Mis pequeños achaques son un regalo de Dios.

SOLEDAD

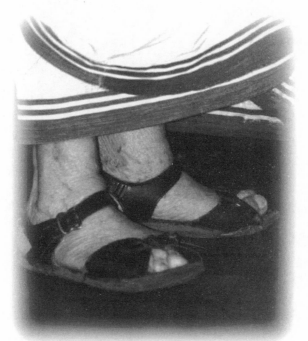

En los países desarrollados
existe una pobreza íntima,
una pobreza de los espíritus,
de soledad, de falta de amor.
No hay enfermedad mayor
en el mundo de hoy
que esa suerte de pobreza.

& Existen muchas clases de pobreza.

Incluso en países cuyo nivel económico parece ser elevado existen expresiones de pobreza oculta, tales como la tremenda soledad de la gente que se siente abandonada y que sufre mucho por ello.

& Personalmente estoy convencida de que el peor de los sufrimientos es el de sentirse solos, no queridos, no amados.

El mayor de los sufrimientos consiste también en no tener a nadie, haber olvidado lo que es una relación íntima y verdaderamente humana, no saber qué significa ser querido, no tener una familia ni amigos.

& Somos nosotros quienes, con nuestras exclusiones y rechazos, empujamos a nuestros hermanos y hermanas a refugiarse en el alcohol y en las drogas.

A veces beben para olvidar la privación de sus vidas.

ʖ Nuestras Hermanas se encuentran ya trabajando en muchos países del mundo entero.

No hace mucho ocurrió algo extraño en Nueva York.

Les dijeron que una mujer había fallecido en su casa, no se sabía cuándo.

No les cupo otra solución que derribar la puerta para poder entrar.

¿Os imagináis qué encontraron?

Las ratas ya habían empezado a roer el cadáver.

Trataron de saber quién era, si trabajaba y dónde, su filiación, si tenía hijos, si estaba casada...

No lograron descubrir nada.

Lo único que lograron saber era lo que ya sabían: el número de su casa y apartamento.

Ni siquiera sus vecinos sabían nada de ella.

¡Qué pobreza más extrema!

¡Esa soledad, esa timidez, ese sentimiento de sentirse un estorbo para todo el mundo, de saberse despreciada, de no tener a nadie en este mundo!

മ Entre mis recuerdos más inolvidables
conservo el de una visita realizada hace unos años
a una magnífica residencia para ancianos en
Inglaterra.

Era un edificio espléndido.

Tenía capacidad para cuarenta residentes, a los
que no les faltaba de nada.

Repito: lo recuerdo bien.

Todos estaban pendientes de la puerta.

No había un solo rostro sonriente.

Una institución religiosa se hacía cargo de la
residencia.

Pregunté a la Hermana que estaba de guardia:

—Hermana, ¿cómo es que ninguno sonríe?
¿Por qué no dejan de mirar a la puerta?

—Ocurre lo mismo todos los días —me dijo—.
Están permanentemente a la espera de que alguien
venga a visitarlos. Sueñan con un hijo, una hija,
algún miembro de la familia que venga a verlos...

La soledad era una expresión de su pobreza, la
pobreza de encontrarse abandonados por sus
familiares y amigos.

La pobreza de no tener a nadie que viniese a
verlos, la pobreza que más sienten los ancianos...

෨ Cuando miro a mi alrededor y veo a los pobres que sufren de alienación social y emocional, comprendo por qué Cristo tiene que sentirse triste viéndose alienado en ellos.

෨ A los ancianos les gusta que otros les escuchen.

En algunos países tenemos grupos de colaboradores cuya principal ocupación es escuchar.

Visitan determinados hogares, especialmente destinados a personas mayores, se sientan junto a ellos y dejan que hablen y hablen para darles la satisfacción de sentirse escuchados.

Los ancianos, ya digo, gustan de que se les escuche aunque muchas veces no tengan nada importante que decir (importante para los demás, está claro; no para ellos): hablan a veces de cosas ocurridas hace mucho tiempo.

Escuchar a alguien que no tiene quien le escuche es algo muy hermoso.

෨ *Señor, cuando tenga hambre, dame alguien que tenga necesidad de alimento.*

Cuando tenga sed, mándame alguien que tenga necesidad de bebida.

Cuando tenga frío, mándame alguien para que lo caliente.

Cuando tenga un disgusto, ofréceme alguien para que lo consuele.

Cuando mi cruz se vuelva pesada, hazme compartir la cruz de otro.

Cuando me sienta pobre, condúceme hasta alguien que esté necesitado.

Cuando tenga tiempo, dame alguien a quien pueda ayudar unos momentos.

Cuando me sienta humillado, haz que tenga alguien a quien alabar.

Cuando esté desanimado, mándame alguien a quien dar ánimos.

Cuando sienta necesidad de la comprensión de otros, mándame alguien que necesite de la mía.

Cuando necesite que se ocupen de mí, mándame alguien de quien tenga que ocuparme.

Cuando pienso sólo en mí mismo, atrae mi atención sobre otra persona.

Haznos dignos, Señor, de servir a nuestros hermanos que, en todo el mundo, viven y mueren pobres y hambrientos.

SER CRISTIANOS

*Dios es el único que de verdad
conoce nuestras necesidades.*

తు   Sin duda os sorprenderéis si os digo que en los
pobrísimos barrios donde viven las Misioneras de
la Caridad y ejercen su labor, cuando se acercan a
los habitantes que viven en chabolas, lo primero
que éstos piden a las Hermanas no es pan ni
ropas, aun cuando algunos de ellos, a veces
muchos, se mueren de hambre y apenas tienen
con qué cubrirse del frío.

Les piden:

—Hermanas, enséñennos la Palabra de Dios.

La gente tiene hambre de Dios.

Suspira por su Palabra.

తు   Si comprendemos verdaderamente la Eucaristía; si la convertimos en el tema central de nuestras vidas; si nos alimentamos con la Eucaristía, no
tendremos dificultad alguna en descubrir a Cristo,
amarlo y servirlo en los pobres.

తు   La Eucaristía es algo más que recibir simplemente a Cristo.

La Eucaristía sacia nuestra hambre.

Cristo nos invita: «Venid a Mí.»

Cristo tiene hambre de almas.

En ninguna página del Evangelio se leen expresiones de rechazo por parte de Jesús.

Más bien, en todas partes tropezamos con su invitación: «Venid a Mí.»

ᐇ La Misa es el alimento espiritual que me sustenta.

Sin ella no lograría mantenerme en pie un día, ni siquiera una hora de mi vida.

En la Misa, Jesús se nos presenta bajo las apariencias de pan, mientras que en los suburbios vemos a Cristo y lo tocamos en los cuerpos desgarrados, lo mismo que lo vemos y tocamos en los niños abandonados.

ᐇ Gandhi se sintió fascinado oyendo hablar de Cristo.

Fueron los cristianos quienes le decepcionaron.

ᐇ Sólo en Calcuta, nosotras damos de comer al día a unas diez mil personas.

Esto quiere decir que si un día no cocinamos, ese día diez mil personas se quedan sin comer.

Un día, la Hermana encargada me vino a decir:

—Madre, se nos han agotado las reservas. No tenemos nada que dar de comer a tanta gente.

Me sentí muy sorprendida: era la primera vez que ocurría algo semejante.

Hacia las nueve de la mañana llegó un camión abarrotado de barras de pan.

Todos los días, el gobierno da a los niños de las escuelas pobres un trozo de pan y un vaso de leche.

No sé por qué razón, las escuelas de la ciudad aquel día permanecieron cerradas.

Todo el pan se destinó a las obras de la Madre Teresa.

Ya veis: Dios había cerrado las escuelas porque no podía permitir que nuestras gentes se quedasen sin comida.

Fue la primera vez que pudieron comer pan de buena calidad hasta saciarse por completo.

El pan de cada día es una demostración más del amor de Dios.

ഔ Un hombre, adicto a la religión hindú, acudió a nuestra Casa del Moribundo Abandonado de Kalighat en un momento en el que yo estaba ocupada curando las heridas de un enfermo.

Me observó en silencio unos momentos.

Después dijo:

—Puesto que de ella saca fuerzas para realizar lo que usted realiza, no me cabe la menor duda de que su religión tiene que ser la verdadera.

ഔ Cada uno de nosotros tenemos el deber de servir a Dios allí donde estamos llamados.

Yo me siento llamada a servir a los individuos, a amar a cada ser humano.

Mi tarea no es la de convertirme en juez severa de las instituciones.

No me encuentro en condiciones de condenar a nadie.

Jamás pienso en términos de multitudes, sino de seres individuales.

Si yo pensara en términos de multitudes, jamás pondría manos a la obra.

Yo creo en el contacto individual de persona a persona.

Si otros están persuadidos de que Dios desea que transformen las estructuras sociales, ése es un asunto del que tienen que ocuparse ante Dios.

∽ Tengo la firme convicción de que, para ser cristianos, tenemos que asemejarnos a Cristo.

Gandhi dijo en cierta ocasión que si los cristianos fuesen consecuentes con su fe ya no habría hindúes en la India.

La gente espera de nosotros que seamos consecuentes con nuestra fe.

∽ Cristo se trocó en pan de vida.

Convirtiéndose en pan, se puso por completo a nuestra disposición de manera que, tras alimentarnos con Él, tuviésemos la fuerza necesaria para entregarnos a los demás.

∽ ¡No busquéis a Dios fuera de lugar!

No está allí, sino en vosotros.

¡Mantened siempre encendida vuestra lámpara y lo veréis siempre!

❧ Dios es un Padre que perdona.

Su misericordia es mayor que nuestro pecado.

Él perdonará nuestras faltas: decidamos no volver a cometerlas.

❧ A menudo, los cristianos se convierten en el mayor obstáculo para cuantos desean acercarse a Cristo.

A menudo predicamos un Evangelio que no cumplimos.

Ésta es la principal razón por la cual la gente del mundo no cree.

❧ La Iglesia es la misma hoy que ayer y que mañana.

También los Apóstoles tuvieron miedo y desconfiaron, se sintieron abatidos y tuvieron sus fallos.

A pesar de todo ello, Cristo no les reprendió.

Se limitó a decirles: «¿Por qué teméis y por qué dejáis que la duda se adueñe de vuestros corazones?» (Lc. 24, 38).

Tan amables palabras de Jesús resultan muy apropiadas para nuestros actuales temores.

❧ En una ocasión, un hombre de relevancia de mi país me preguntó:

—Madre Teresa, usted me dice que reza por mí. Dígame la verdad: ¿no le gustaría que me hiciese cristiano?

Yo le contesté:

—Si una persona posee algo a lo que atribuye mucha importancia, es normal que dicha persona desee que sus amigos lo compartan. Yo estoy convencida de que la fe en Cristo es lo mejor del mundo que poseo. Me gustaría que todas las personas conociesen y amasen a Cristo, por lo menos tanto como lo conozco y amo yo misma. Es evidente que también desearía que usted lo conociese y amase. Pero la fe es un don de Dios, y Él lo concede a quienes elige.

❧ Delante de Dios no hay nada que sea pequeño.

Todo lo que Él realiza es grande, porque lo que Él hace es infinito.

❧ No olvidemos que en el silencio del corazón es donde habla Dios, mientras que nosotros hablamos desde la plenitud de nuestros corazones.

ॐ Todo ser humano siente nostalgia de Dios.
Pero los cristianos disfrutan del tesoro de tener-
lo entre ellos.

ॐ Nuestras vidas han de ser tan transparentes que
los demás puedan descubrir en ellas a Jesús.

ॐ Con Dios no hay peros que valgan.

ॐ Hoy en día, y una vez más, Jesús sigue vinien-
do entre los suyos y los suyos se resisten a darle
acogida.
   Viene en los cuerpos maltrechos de los pobres.
   Viene incluso a través de los ricos sofocados
por sus propias riquezas.
   Viene en la soledad de los corazones, cuando
no hay quien lo ame.
   Jesús viene a ti y a mí.
   A menudo, demasiado a menudo, nosotros
pasamos de largo y no lo acogemos.

෨ Nuestro abandono total en Dios significa estar a total disposición del Padre, como lo estuvieron Jesús y María.

෨ Dios se nos ha entregado por completo.
Pongámonos nosotros por completo a su disposición.

෨ La Eucaristía sobrepasa toda capacidad humana de comprensión.
Hay que aceptarla con una fe y un amor profundos.
Jesús ha querido dejarnos la Eucaristía para que no olvidásemos lo que Él ha venido a hacer y a revelarnos.
¿Seríamos capaces de imaginarnos lo que sería de nuestras vidas sin la Eucaristía?

෨ Además del silencio de la lengua existe también el silencio de los ojos, que nos permite ver a Dios.

ⷎ No me queda tiempo para la complacencia.
Es Dios quien lo ha hecho todo, no yo.

ⷎ Muchas veces los cristianos constituimos el
mayor obstáculo para quienes buscan a Cristo.

ⷎ Nosotras ponemos nuestras manos, nuestros
ojos y nuestros corazones a disposición de Cristo
para que Él obre a través de nosotras.

ⷎ Cuando me entero del daño que hacen las
malas lenguas, me acuerdo de Nuestro Señor,
que invitó a los que acusaban a la mujer pecadora
a arrojar la primera piedra si estaban libres de
pecado.

Todos sabemos lo que ocurrió: unos y otros se
fueron, sabiendo que Jesús conocía sus pecados.

Cuando hablamos sin caridad, en presencia o
en ausencia de las personas, cuando murmuramos
sobre las faltas de los demás, imaginemos que
Cristo nos dice a nosotros: «Sólo si estás libre de
pecado puedes arrojar la primera piedra.»

∽ Si fuésemos capaces de ver a Cristo en nuestro prójimo, ¿creéis que habría necesidad de armas y de generales?

∽ Ser felices con Dios significa:
Amar como Él ama.
Ayudar como Él ayuda.
Dar como Él da.
Servir como sirve Él.

∽ Tener confianza en Dios significa fiarnos de su omnipotencia, de su sabiduría y de su amor infinitos.

∽ Esto es Jesús para mí:
El Verbo hecho carne.
El Pan de Vida.
La Víctima que se ofrece en la cruz por nuestros pecados.
El Sacrificio que se ofrece en la Misa por los pecados del mundo y por los míos.
La Palabra que ha de ser dicha.

La Verdad que se ha de contar.

El Camino que debemos seguir.

La Luz que se debe encender.

La Vida que se debe vivir.

El Amor que debe ser amado.

La Alegría que se debe compartir.

El Sacrificio que se debe ofrecer.

El Pan de Vida que se debe comer.

El Hambriento a quien se debe alimentar.

El Sediento cuya sed debemos saciar.

El Desnudo a quien hay que vestir.

El Desahuciado a quien se debe ofrecer alojamiento.

El Enfermo a quien se debe curar.

El Solitario a quien se debe amar.

El Inesperado a quien se debe esperar.

El Leproso cuyas llagas hay que lavar.

El Mendigo a quien debemos sonreír.

El Alcohólico a quien debemos escuchar.

El Disminuido psíquico a quien debemos ofrecer protección.

El Recién Nacido a quien debemos acoger.

El Ciego a quien debemos guiar.

El Mudo a quien debemos prestar nuestra voz.

El Inválido a quien debemos ayudar a caminar.

La Prostituta a quien debemos apartar del peligro y ofrecer nuestra ayuda.

El Preso a quien debemos visitar.

El Anciano a quien debemos servir.

ဢ Jesús es mi Dios.

Jesús es mi Esposo.

Jesús es mi Vida.

Jesús es mi único Amor.

Jesús es mi Todo.

Jesús es para mí lo Único.

ဢ «Mi carne es verdadera comida y mi sangre es verdadera bebida. El que come mi carne y bebe mi sangre vive en mí y yo en él» (Jn. 6, 56).

¿Qué más podía hacer Jesús por mí que darme su carne como alimento?

Ni siquiera Dios mismo podía hacer más y dar muestras de amor más grande por mí.

ဢ Jesús tiene que decirte: «¡Tengo sed!»

Escúchale pronunciar tu nombre.

Y no una vez.
¡Todos los días!

  Jesús no preguntó a Saulo por qué perseguía a los cristianos, sino por qué le perseguía a Él.

  Jesús, ¿quieres mis manos para pasar este día ayudando a pobres y enfermos que lo necesitan?
Señor, hoy te doy mis manos.
Señor, ¿quieres mis pies para pasar este día visitando a aquellos que tienen necesidad de un amigo?
Señor, hoy te doy mis pies.
Señor, ¿quieres mi voz para pasar este día hablando con aquellos que necesitan palabras de amor?
Señor, hoy te doy mi voz.
Señor, ¿quieres mi corazón para pasar este día amando a cada hombre sólo porque es un hombre?
Señor, hoy te doy mi corazón.

Nuestra misión

«Tuve hambre y me disteis de comer...
Era extranjero y me visitasteis.
Estaba desnudo y me vestisteis.
Estaba enfermo y me curasteis»
(Mt. 25, 35-36).
Nuestra misión se inspira
en estas palabras de Jesús.

ॐ Nosotras no aceptamos nunca invitación alguna a comer fuera de casa.

¿Desean saber el porqué?

Aceptar tales invitaciones podría dar la impresión de que aceptamos una remuneración por lo
que hacemos, y nosotras lo hacemos todo gratuitamente.

Yo siempre digo: «Lo hacemos todo por Jesús y
por amor de los pobres.»

Si sólo comemos en nuestras casas lo hacemos
por respeto hacia los pobres.

No aceptamos fuera ni un vaso de agua: ¡nada!

¿Que por qué?

No se requiere ninguna otra explicación: es
nuestra manera de ser y basta.

ॐ A quienes dicen admirar mi coraje tengo que
decirles que carecería por completo de él si no
estuviese convencida de que cada vez que toco el
cuerpo de un leproso, el de alguien que despide
un olor insoportable, estoy tocando el cuerpo
de Cristo, el mismo Cristo a quien recibo en la
Eucaristía.

❧ Para nosotras, la pobreza es liberación.

Es una libertad total.

Nada de lo que tenemos en cuanto Misioneras de la Caridad es propiedad nuestra.

Todo lo tenemos en uso.

El sari que llevamos no es nuestro.

Lo tenemos en uso.

Las sandalias que calzamos no son nuestras.

Las tenemos en uso.

La pobreza es fuerza para nosotras y fuente de felicidad.

Quiero recordar en este momento el hermoso ejemplo de una joven de una familia más que acomodada que me escribió: «Durante algunos años Jesús me ha estado invitando a hacerme religiosa. Traté de descubrir dónde quería que ingresase. Visité unos cuantos conventos, pero me percaté de que tenían las mismas cosas que yo tengo. De haber entrado en tales congregaciones, no habría tenido que renunciar a nada.»

Está más que claro: la joven quería renunciar a todo.

Quería sentirse libre para servir mejor a Jesús en los pobres.

ʕ Estoy firmemente convencida de que cuando yo me vaya, si Dios encuentra a una persona más ignorante e inútil que yo, llevará a cabo cosas mayores por su medio, porque quien las hace es Él.

ʕ Yo soy un lápiz en manos de Dios.
Un trozo de lápiz con el cual Él escribe lo que quiere.

ʕ Ocurrió una vez, al poco de fundarse la congregación de los Hermanos Misioneros de la Caridad, que un joven Hermano vino a decirme:

—Madre, yo tengo una vocación especial para trabajar con los leprosos. Quiero entregar mi vida por ellos. Nada me atrae tanto como trabajar por los enfermos de lepra.

Yo le contesté:

—Tengo la impresión de que se está equivocando usted, Hermano. Nuestra vocación consiste en pertenecer a Jesús. El trabajo no es sino un medio para expresar nuestro amor a Jesús. Ésa es la razón de que lo importante no sea el trabajo en sí mismo. Lo que importa es su pertenencia a Jesús.

Y Él es quien le brinda a usted los medios para expresarle esa pertenencia.

᪥ La razón de por qué se me concedió el Premio Nobel de la Paz fueron los pobres.

En todo caso, el Premio alcanzó más allá de las apariencias.

De hecho sirvió para despertar las conciencias en favor de todos los pobres del mundo.

Se trocó en una especie de recordatorio de que los pobres son nuestros hermanos y hermanas y de que tenemos el deber de tratarlos con amor.

᪥ Nosotras tenemos como finalidad específica ofrecer ayuda material y espiritual a los más pobres entre los pobres, no sólo a los que viven en los suburbios sino a cualquiera de los pobres que viven en cualquier rincón de la Tierra.

Para poder hacer esto, nos esforzamos por vivir el amor de Dios en la oración y en nuestro trabajo, mediante una vida caracterizada por la sencillez y la humildad enseñadas por el Evangelio.

Lo hacemos amando a Jesús en el pan de la

Eucaristía, y amándolo y sirviéndolo oculto bajo el doloroso disfraz de los pobres más pobres, tanto si se trata de pobreza material como espiritual.

Lo hacemos reconociendo en ellos (y restituyéndoles) la imagen y semejanza de Dios.

ை Una de las manifestaciones de nuestra pobreza consiste en remendar lo mejor que podemos nuestras ropas cuando nos damos cuenta de cualquier desgarrón.

Caminar por las calles o movernos por nuestras casas con desgarrones en nuestros saris no es ningún signo de la virtud de la pobreza.

Suelo decir a las Hermanas:

—Nosotras no hacemos voto de la pobreza de los mendigos sino de la pobreza de Cristo.

Por otra parte, jamás deberemos olvidar que nuestros cuerpos son templos del Espíritu Santo.

Por esa razón deberemos respetarlos y llevar hábitos remendados dignamente.

ை Las Misioneras de la Caridad estamos profundamente convencidas de que cada vez que ofrecemos ayuda a los pobres, a quien en realidad ofrecemos esa ayuda es a Cristo.

Procuramos hacer esto con alegría porque no podemos ir a Cristo, aun bajo la imagen de los pobres, con caras largas.

Digo a menudo a las Hermanas que se acerquen a los pobres con alegría, sabiendo que a ellos ya les sobran razones para sentirse tristes.

No hace falta que vayamos nosotros a recordarles y hacer más pesadas tales razones.

Estamos comprometidas en dar de comer a Cristo, que tiene hambre; en vestir a Cristo, que está desnudo; en ofrecer cobijo a Cristo, que carece de alojamiento, y en hacer todo esto con la sonrisa en los labios y rebosantes de alegría.

Es muy hermoso ver a nuestras Hermanas, muchas de ellas todavía muy jóvenes, tan llenas de amor en el servicio de los pobres de Cristo.

ରୁ Si nuestro trabajo se limitase a limpiar, dar de comer, dar medicinas a los enfermos, hace ya tiempo que nuestros centros se habrían clausurado.

Lo más importante de nuestros centros es la

oportunidad que se nos brinda de llegar a las almas.

❧ Más que dinero u ofertas materiales, prefiero que la gente nos eche una mano en el servicio a los necesitados y les ofrezca su amor concreto, empezando por los pobres de sus hogares y familias: por los que tienen más cerca.

❧ Nuestra misión no consiste en llevar a cabo nuestro trabajo de asistencia a los pobres más pobres en *Nirmal Hriday* o en *Shishu Bhavan*, o en cualquiera de nuestros centros.
El trabajo no es más que un medio.
Nuestro objetivo es apagar la sed de almas que sufre Jesús.

❧ Los pobres constituyen la razón de ser de nuestra congregación.
Si no hubiese pobres, estaríamos en el paro.

⚬ Lo que hacemos es apenas una gota en un océano.

Pero sin esa gota al océano le faltaría algo.

⚬ Un buen gesto vale más que mil palabras.

⚬ No estamos en el mundo para hacer bulto, para cuadrar cifras.

Estamos porque Dios nos ha elegido para llevar a cabo una misión: misión que Él logrará llevar a cabo, a no ser que nosotras pongamos obstáculos: porque Dios no nos forzará.

⚬ Nuestra condición de Misioneras de la Caridad nos brinda todas las razones para ser las personas más felices del mundo.

⚬ Es posible que en nuestra Casa del Moribundo Abandonado haya también enfermos de sida, pero no sabemos cuántos, porque nuestra misión no es hacer diagnósticos sino brindar ayuda.

๑ Ante mis ojos, todos los enfermos y pobres son iguales, todos son hijos de Dios, ya sean moribundos callejeros u hombres de gobierno.

No me corresponde a mí juzgar por qué algunos han caído en la pobreza o contraído el sida.

๑ La invitación más convincente a la conversión de los pecadores es el testimonio de nuestra vida.

๑ Una vez, hace mucho tiempo, un señor me dijo en Kalighat:

—Vuestra religión tiene que ser verdadera, pues os da la fuerza para llevar a cabo tales cosas.

No se puede llegar a tal convicción si no estamos convencidas nosotras mismas.

Nuestro trabajo es nuestro amor en acción.

๑ Estoy persuadida de que si algún día nos volviésemos ricas y perdiésemos el contacto con Jesús y con los pobres, no tendríamos razón de existir.

❧ No estamos aquí para hacer bulto.

Se nos envía para proclamar la Buena Nueva de que Dios nos ama.

¿Cómo?

Ante todo, con la mansedumbre.

Por eso tenemos necesidad de pureza, de humildad, de delicadeza...

APÉNDICE

MIS DOS FAMILIAS

El deseo de ser misionera

La nuestra era una familia muy unida. Vivíamos los unos para los otros. Cada miembro de la familia estábamos empeñados en hacer más confortable y feliz la vida de los demás.

Mi madre era una santa mujer. Nos educó unidos, en el amor de Jesús. Ella misma nos preparaba para la primera comunión. De ella aprendimos a amar a Dios sobre todas las cosas.

La primera vez que experimenté el deseo de hacerme misionera no tenía más que doce años. Pero no me fui de casa hasta los dieciocho.

A veces dudaba de mi vocación. Pero llegó un momento, un día en que me encontraba a los pies de Nuestra Señora de Letnice, cerca de Skopje, donde nací el 27 de agosto de 1910, en que tuve la sensación plena de que Dios me llamaba.

En los momentos de incertidumbre sobre mi vocación, hubo un consejo de mi madre que me resultó muy útil: «Cuando aceptes una tarea, llévala a cabo con gozo, o no la aceptes», me dijo.

Una vez pedí consejo a mi director espiritual acerca de mi vocación. Le pregunté cómo podía saber que Dios me llamaba y para qué me llamaba. Él me contestó: «Lo sabrás por tu felicidad interior. Si te sientes feliz por la idea de que Dios te llama para servirle a él y al prójimo, ésa es la prueba definitiva de tu vocación. La alegría profunda del corazón es la brújula que nos marca el camino que debemos seguir en la vida. No podemos dejar de seguirla, aunque nos conduzca por un camino sembrado de espinas.»

Seguir mi vocación fue un sacrificio que Cristo nos pidió a mi familia y a mí, puesto que éramos una familia muy unida y muy feliz.

Con las Hermanas de Loreto

Ingresé en la congregación de las Hermanas de Nuestra Señora de Loreto en Rathfarnham, cerca de Dublín, en octubre de 1928. En noviembre del mismo año salí en barco para la India. Llegué a Calcuta el 6 de enero de 1929.

Hice el noviciado en Darjeeling, y la profesión religiosa el 25 de mayo de 1931. Mi nombre de bautismo era el de Gonxha (Inés). En la profesión elegí el de Teresa. Pero no fue el de Teresa la Grande, la de Ávila. Yo elegí el nombre de Teresa la Pequeña: la del Niño Jesús.

Durante cerca de veinte años, en tanto permanecí en las Hermanas de Nuestra Señora de Loreto, mi misión fue la de enseñar en el Colegio St. Mary's frecuentado en su mayoría por chicas de clase media. Era el único colegio católico de secundaria que había por entonces en Calcuta.

La enseñanza me gustaba mucho. Enseñar es algo que, hecho por Dios, constituye una hermosa forma de apostolado. Si era o no una buena profesora, más que a mí se lo deberían preguntar a mis alumnas de entonces. Entre las Hermanas de Nuestra Señora de Loreto yo era la monja más feliz del mundo.

En 1948, cuando llevaba ya veinte años en la India, tomé la determinación de un acercamiento más estrecho a los Pobres más pobres. Fue una llamada especial a dejarlo todo para pertenecer más completamente a Jesús. Ocurrió una noche, mientras me dirigía en tren a Darjeeling para hacer ejercicios espirituales. Sentí una llamada dentro de mi vocación. Sentí que Dios quería de mí algo más. Quería que yo fuese pobre con los Pobres y que le demostrase mi amor bajo la dolorosa semblanza de los más pobres entre los Pobres. El mensaje de Dios estaba claro: tenía que dejar Loreto y trabajar con los Pobres, viviendo en medio de ellos.

Por decirlo de alguna manera, sólo tuve que cambiar la forma de mi trabajo. La vocación en sí misma, es decir, mi pertenencia a Cristo no tenía que cambiar. Sólo se había hecho más profunda. Mi «nueva vocación» era una profundización de mi pertenencia a Cristo y de mi ser por completo suya.

Mi otra vocación

Abandoné las Hermanas de Nuestra Señora de Loreto en 1948. En 1950, el santo padre Pío XII autorizó la nueva congregación de las Misioneras de la Caridad.

Las primeras Hermanas que decidieron venir conmigo eran antiguas alumnas mías de Loreto. Una tras otra, vi llegar a jóvenes muchachas a partir de 1949. Querían entregarse por completo a Dios. Tenían prisa por hacerlo. Se despojaban gozosas de sus elegantes saris para vestir el humilde sari de algodón de las Misioneras de la Caridad. Eran plenamente conscientes de las dificultades.

Cuando una joven perteneciente a una antigua casta opta por ponerse al servicio de los marginados, nos encontramos ante una revolución, la mayor y la más difícil de todas: la revolución del amor.

Desde entonces no han dejado de entrar en la congregación jóvenes de todas partes del mundo. Algunas de esas jóvenes, a la hora de solicitar el ingreso entre nosotras, escriben algo muy hermoso: «Deseo abrazar una vida de pobreza, oración y sacrificio, que me lleve al servicio de los Pobres.»

Las Misioneras de la Caridad

La ocupación principal de las Misioneras de la Caridad se centra en dar de comer a Cristo, que tiene hambre; en vestir a Cristo, que está desnudo; en cuidar a Cristo, que está enfermo; y en ofrecer cobijo a Cristo, que padece desahucio. Hacemos esto dando de comer, vistiendo, cuidando y ofreciendo cobijo a los Pobres. Es algo muy hermoso ver a nuestras jóvenes entregadas tan de lleno y con tanto amor a los Pobres.

La mayor parte de nuestras Hermanas proceden de la India. Pero en Roma tenemos un noviciado con jóvenes de más de una treintena de nacionalidades: de muchos países de Europa y de América.

Son jóvenes de las clases alta, media y corriente. Lo más maravilloso de todas ellas es observarlas tan generosamente entregadas y tan decididas a entregarlo todo a Cristo. Todas parecen impacientes por vivir una vida de pobreza.

Para poder comprender a los Pobres y la pobreza de Cristo, elegimos ser pobres nosotras mismas. A veces nos limitamos simplemente a renunciar a tener cosas con las que podríamos hacernos fácilmente, pero de forma totalmente voluntaria renunciamos a tenerlas.

Aceptamos con gozo permanecer las veinticuatro horas del día en contacto con una clase de personas con las cuales a veces ni siquiera podemos mantener una conversación. Son los Pobres más pobres, cubiertos de suciedad y de microbios, los leprosos, los abandonados, los discapacitados físicos y psíquicos, los que carecen de un hogar, los enfermos terminales de sida, los huérfanos, los moribundos, aquellos a quienes todo el mundo desprecia.

Religiosas felices

Todas nuestras Hermanas irradian felicidad. Constituyen el ejemplo más sorprendente de alegría y fe vividas. Verdad es que lo que nosotras llevamos a cabo no es más que una gota respecto del océano. Pero sin esa pequeña gota al océano le faltaría algo.

Bien sé que hay miles y miles de Pobres, pero yo me ocupo de uno a la vez. Jesús habría muerto por un solo pobre. Yo lo tomo literalmente cuando dice: «Tuve hambre... Conmigo lo hicisteis.»

Tanto las Hermanas como yo nos ocupamos de la persona, de una sola persona cada vez. No se les puede salvar más que de uno en uno. No se puede amar más que uno a uno.

Para nosotras no constituye la más mínima dificultad desempeñar nuestra labor en países con multitud de creencias religiosas, como es el caso de la India. Tratamos a todos como hijos de Dios. Todos ellos son hermanos y hermanas nuestros. Les demostramos una gran estima.

Nuestras Hermanas anhelan darlo todo a Dios. Todas están persuadidas de que Cristo es el que tiene hambre; Cristo el que carece de hogar; Cristo el harapiento a quien sirven y visten.

Ésa es la razón de que se sientan muy felices. Se sienten felices porque son conscientes de haber encontrado lo que iban buscando.

Hasta el día de hoy, nadie se ha mostrado de manera insolente hacia nuestras Hermanas. Nadie ha intentado jamás abusar de ellas. Nuestro sari es el signo de nuestra consagración a Dios. El rosario que llevamos en las manos ha demostrado ser una gran protección, fuerza y ayuda.

Al igual que en Nueva York, también en numerosos otros países donde ha habido momentos de lucha, de tensión y de odio, nuestras Hermanas han podido moverse con libertad, sin que nadie haya intentado ni siquiera tocarlas. Incluso en la India, en Calcuta, en momentos particularmente difíciles, cuando mucha gente no podía salir de casa, nuestras Hermanas estaban todo el día fuera; gentes que estaban enfurecidas y que cometían atropellos se brindaban a facilitar la libertad de movimientos de las Hermanas para que nadie les hiciese el menor daño.

Generosidad de la Providencia

Todo lo recibimos gratuitamente. Gratuitamente, también, lo damos todo, por amor de Dios. Los Pobres son personas magníficas. Nos dan mucho más que nosotras a ellos, empezando por el inmenso gozo que nos dan al aceptar las pequeñas cosas que conseguimos hacer por ellos.

Jamás me he encontrado en necesidad, pero acepto todo lo que la gente me ofrece para los Pobres.

Yo no necesito nada para mí misma. Pero no rechazo lo que la gente me da para los Pobres. Lo acepto todo.

Alguna razón habrá para que algunos puedan

vivir con holgura. Seguramente han trabajado para ello. Yo sólo me siento molesta cuando observo el despilfarro, cuando veo que hay quienes arrojan cosas que nos podrían servir.

La mayor enfermedad de nuestros días no es la lepra ni la tuberculosis. Ni siquiera lo es el sida. La mayor enfermedad es la sensación de no ser queridos, de verse desatendidos, de que todos le vuelvan a uno la espalda.

El mayor pecado es la falta de amor y de caridad, la tremenda indiferencia hacia el propio vecino que yace al borde de la carretera víctima de la explotación, de la corrupción, de la miseria o de la enfermedad.

En lo que atañe a medios materiales, nosotras dependemos por completo de la Divina Providencia. Jamás nos hemos visto obligadas a rechazar a nadie por falta de medios. Siempre ha habido una cama más, un plato más de arroz, una manta más para cubrir. Dios se ocupa de sus hijos pobres. ¡Ha dado muestras de tal cuidado y bondad hacia nuestras gentes en tantos detalles...!

Cuando abrimos nuestra primera casa en Nueva York, el entonces cardenal arzobispo, monseñor Terence Cooke, tenía la idea fija de que tendría que proveer al mantenimiento de las Hermanas con una cantidad mensual fija.

Por una parte, yo no quería mortificarle. Pero no sabía cómo explicarle que nuestros servicios son exclusivamente por amor de Dios y que nosotras no podemos aceptar mantenimiento alguno. Se lo expliqué de la manera mejor que pude: «Eminencia, no creo que justamente en Nueva York vaya a ser donde quiebre Dios nuestro Señor...»

«¡Por Dios, Madre: no diga eso!»

El niño es un don de Dios. Tengo la sensación de que el país más pobre es el que tiene que asesinar al niño no nacido para permitirse más cosas y más placeres. ¡Que se tenga miedo de tener que alimentar a un niño más...!

En la India no tenemos las dificultades que tienen los países ricos. Nuestras gentes no practican abortos. La madre dará a luz a su criatura. Es posible que, después de alumbrarlo, lo deposite en el cubo de la basura (yo he recogido a centenares de niños de la basura). Lo que jamás hará es darle muerte.

Recuerdo a una madre que tenía doce hijos, la más pequeña de los cuales estaba afecta de una fuerte incapacidad y disminución psicofísica. No puedo describir cómo era, tanto bajo el punto de vista psíquico como físico. Me ofrecí para hacernos cargo de aquella criatura en nuestro hogar para niños incapacitados, donde teníamos muchos como ella.

Aquella madre se echó a llorar y dijo: «¡Por Dios, Madre, no diga eso! ¡No lo diga, por favor! Esta hija constituye para mí y para mi familia el mayor regalo de Dios. Todo nuestro cariño está centrado en ella. Si se la llevase, nuestras vidas quedarían vacías.»

Hace unos días vino a verme una señora y se echó a llorar. Nunca había visto llorar tanto a nadie. Me dijo: «He leído lo que usted ha escrito acerca del aborto. Yo he abortado dos veces. ¿Podrá Dios perdonarme?»

Yo le contesté: «Desde luego que sí, si es usted sincera en su arrepentimiento. Vaya a confesarse y sus pecados quedarán lavados por la absolución que recibirá. Trate sólo de estar segura del disgusto de su corazón.» Ella dijo: «Es que yo no soy católica...» Y yo a ella: «Rece usted según su religión. Yo pediré a Dios que la perdone.» Ella entonces hizo un hermoso acto de contrición. Cuando yo terminé de rezar, parecía un ser diferente, totalmente recompuesta. ¡Qué sufrimiento más tremendo tiene que representar darse cuenta de que uno ha dado muerte, ha asesinado, a su propio hijo!

Una mujer india me confesó, hace ocho años: «Cometí un aborto. Y aún hoy, cada vez que veo a un niño en torno a la edad que hoy tendría mi hijo, tengo que volver la cabeza. No puedo mirarle. Cada año, cada vez que veo a un niño de seis, siete años, me digo: "¡Mi hijo tendría seis, siete años! Estaría aquí, llevado de mi mano"...»

Generosidad de un niño

Un niño muy pequeño de Calcuta me dio una espléndida lección de un gran amor. En una ocasión no había azúcar en toda la ciudad. No sé cómo pudo ocurrir que aquel pequeño niño hindú de no más de cuatro años oyera decir en la escuela que la Madre Teresa no tenía azúcar para sus niños. Al volver a casa dijo a sus padres: «No tomaré azúcar durante tres días. Quiero dárselo a la Madre Teresa.»

Sus padres nunca habían venido a nuestro hogar para dar nada, pero a los tres días llegaron con su hijo. Era muy pequeño. En su manecita traía un pequeño recipiente de azúcar. ¿Cuánto puede comer un niño de cuatro años? Apenas era capaz de pronunciar mi nombre. Sin embargo fue generoso y el amor que puso en su generosidad fue algo muy hermoso. De aquel niñito aprendí que, cuando damos algo a Dios, por poco que sea, se convierte en infinito.

Daré un ejemplo de lo que es el hambre. Un niño recibió un trozo de pan de una Hermana. Llevaba bastante tiempo sin comer. Observé que comía el pan migaja a migaja. Le dije: «Sé que tienes hambre. ¿Por qué no comes el pan?» El pequeño me contestó: «Quiero que me dure más.» Tenía miedo de que, terminado el pan, volviese a sentir hambre de nuevo. Por eso lo estaba comiendo migaja a migaja...

Un caballero hindú, jefe de una denominación religiosa, dijo en una reunión que observando el trabajo de las Hermanas cuando sirven a los Pobres, en especial a los leprosos, tenía la sensación de que Cristo hubiera venido una vez más a la Tierra para seguir haciendo el bien.

Otro caballero hindú que vino a nuestra Casa del Moribundo, dijo: «Vuestra religión tiene que ser la verdadera. Cristo tiene que ser verdadero, si os ayuda a hacer lo que estáis haciendo.»

No podía creer que fuese arroz

Iba yo un día en busca de pobres por las calles. Tropecé con una mujer que estaba muriendo en plena calle. Las ratas habían empezado a roer su cuerpo.

La llevé al hospital más cercano, pero tuve la impresión de que el personal no estaba dispuesto a hacerse cargo de ella. Al final, tras mucho insistir, la aceptaron. Desde aquel momento, decidí buscar yo misma un local para cuidarme de los moribundos. Me fui al ayuntamiento y pedí un local, diciendo que el resto lo haríamos mis Hermanas y yo.

Me acompañaron adonde está el templo de la diosa Kali, en Kalighat, y me ofrecieron un lugar de descanso que usaban para los peregrinos que

acudían a rendir culto a la diosa. Llevamos allí
muchos años y hemos acogido a miles y miles de
personas de las calles de Calcuta...

Tenemos hogares para enfermos terminales en
muchos lugares. Un día recogí en la calle a una
mujer. Me di cuenta de que se estaba muriendo
de hambre. Le di un plato de arroz, y ella se puso
a mirarlo. Intenté animarla para que comiese.
Entonces ella dijo con la máxima sencillez y
naturalidad: «¡Oh! Yo no he... No puedo creer
que sea arroz. ¡Llevo tanto tiempo sin probar
bocado...!»

No se quejó contra nadie. Ni siquiera se quejó
de los ricos. Simplemente, no podía creer que
aquello fuese arroz...

Yo nunca he sentido vergüenza de mirar al
Crucifijo hasta un día en que una joven mujer
vino a nuestra casa con su hijo en brazos. Me dijo
que había llamado a la puerta de dos o tres conventos suplicando un poco de leche para su hijo.
Había oído cómo le contestaban: «¡Holgazana!
¡Váyase a trabajar!»

Cuando llegó a nuestra casa, tomé al niño de
sus brazos. ¡Se me murió en los míos! Sentí vergüenza de mirar al Crucifijo porque Jesús nos ha

dado tanto y nosotros no nos dignamos ni siquiera dar un vaso de leche a un niño así.

Representante de los Pobres

Yo he asumido la representación de los Pobres del mundo entero: de los no amados, los indeseados, los desatendidos, los paralíticos, los ciegos, los leprosos, los alcohólicos, aquellos que quedan marginados por la sociedad, las personas que no saben lo que es el amor y la relación humana.

Recuerdo que en los primeros tiempos de la congregación tuve una fiebre muy alta y que, en el delirio febril, me vi en presencia de san Pedro. Él me dijo: «¡Váyase de aquí! ¡En el cielo no hay chabolas!» Yo me enfrenté a él y le contesté: «¡Muy bien! Yo llenaré el cielo de chabolistas y así tendrá que haber chabolas.»

Los pobres son personas magníficas. Ellos no necesitan nuestra lástima. Son personas grandes y dignas. Son nuestras gentes amables.

La muerte es algo hermoso. Significa ir a casa. Como es natural, sentimos la soledad en que nos deja quien se ha ido. Pero es algo muy hermoso. Alguien ha vuelto a casa, con Dios.

Nuestra Casa del Moribundo es el hogar para Cristo, que carece de él. Nuestros Pobres que padecen hambre son Cristo hambriento en ellos.

Cuando alguien muere, esa persona se ha ido a casa, con Dios. Allí es adonde todos hemos de ir.

Direcciones de las misioneras de la caridad en España

En Madrid
Residencia de las Hermanas y hogar para personas abandonadas y enfermos de sida
Hogar Inmaculado Corazón de María
Paseo de la Ermita del Santo, 46
Teléfono (91) 463 37 44
28011 Madrid

Comedor para pobres (de 16 a 18.30, diario, salvo los jueves)
Ronda de Segovia, 1
28005 Madrid

En Sabadell
Residencia de las Hermanas y hogar para mujeres ancianas abandonadas
Misioneras de la Caridad
Alfonso Sala, 47

Teléfono (93) 726 93 83
08202 Sabadell (Barcelona)

En Barcelona
Residencia de las Hermanas y comedor para
pobres (diario, salvo los jueves)
Misioneras de la Caridad
Parròquia de Sant Jaume
Leona, 9
Teléfono (93) 317 94 61
08002 Barcelona